高校英语教学方法与改革研究

王玉珍　李渊博　刘　鹏◎著

中国商务出版社
CHINA COMMERCE AND TRADE PRESS

图书在版编目（CIP）数据

高校英语教学方法与改革研究 / 王玉珍，李渊博，刘鹏著. -- 北京 : 中国商务出版社，2022.8
ISBN 978-7-5103-4345-2

Ⅰ. ①高… Ⅱ. ①王… ②李… ③刘… Ⅲ. ①英语－教学研究－高等学校 Ⅳ. ①H319.3

中国版本图书馆CIP数据核字(2022)第134618号

高校英语教学方法与改革研究

GAOXIAO YINGYU JIAOXUE FANGFA YU GAIGE YANJIU

王玉珍　李渊博　刘鹏　著

出　　版：中国商务出版社
地　　址：北京市东城区安外东后巷28号　　邮　编：100710
责任部门：教育事业部（010-64283818）
责任编辑：刘姝辰
直销客服：010-64283818
总 发 行：中国商务出版社发行部（010-64208388　64515150）
网购零售：中国商务出版社淘宝店（010-64286917）
网　　址：http://www.cctpress.com
网　　店：https://shop162373850.taobao.com
邮　　箱：347675974@qq com
印　　刷：北京四海锦诚印刷技术有限公司
开　　本：787毫米×1092毫米　1/16
印　　张：12　　字　数：248千字
版　　次：2023年7月第1版　　印　次：2023年7月第1次印刷
书　　号：ISBN 978-7-5103-4345-2
定　　价：56.00元

前　言

随着经济全球化的发展，国际交流与合作不断扩大，社会对高层次、高素质英语人才的需求也日益增加。社会对英语人才的要求也从理论型、单一型向应用型、复合型以及国际型转换。但现在我国大学英语教学仍存在很多问题，无论是教学方法还是教学手段，都相对滞后于现代教育技术的发展和社会需求。

因此大学英语教学应顺应时代的潮流，开展以计算机和多媒体为代表的信息化教学，改善目前的教学状况，提高教学的效率，培养学生的英语综合能力，使学生的学习效率和学习效果都能够在教师的有效引导下得到显著的提高，真正成为教学活动的主体。而多模态教学更加关注学生在认知和处理信息过程中的能力培养，要求教师能够不断创新教学方法，通过文字、声音、图片、影像、行为等多种符号语言进行教学，从而不断提高学生在课堂上的学习效率。

本书主要对高校英语教学进行研究，系统介绍了教学法的理论基础、教学理念，在高校英语教学中的实施与应用以及高校英语教学评价、教师在教学中的角色定位等。无论是对于教师、学生还是专门致力于大学英语教学研究的人士而言，本书都有着重要的借鉴价值。

为确保准确性和严谨性，作者在成书过程中参阅了大量文献和专著，并引用了一些专家和学者的观点，在此一并表示感谢。因写作水平有限，书中难免有错误和疏漏之处，还望广大读者批评指正。

前言

目　录

第一章　高校英语教学概论

第一节　高校英语教学的理论基础

一、语言学理论

（一）语言功能理论

语言是在完成其功能中不断演变的，语言的社会功能会影响到语言本身的特性。具体来说，语言功能可以分为以下三种。

1. 微观功能

微观功能是儿童在学习母语的初级阶段出现的，它包括以下七种功能。

（1）个人功能

个人功能指儿童可以运用语言来表达自己的感情、身份或观点看法。

（2）规章功能

规章功能指儿童可以通过语言来控制他人的行为。

（3）想象功能

想象功能指儿童可以运用语言来创造一个幻想的环境或世界。

（4）启发功能

启发功能指儿童可以通过语言来认识和探索周围的世界，学习和发现问题。

（5）工具功能

工具功能指儿童可以通过语言来获取物，满足其对物质的需求。

（6）相互关系功能

相互关系功能指儿童可以通过语言与他人进行交往。

（7）信息功能

信息功能指 18 个月大的儿童可以通过语言向别人传递信息。信息功能是在儿童成长后期掌握的。

需要指出的是，在儿童语言中，一句话只有一种功能而不会出现多种功能。随着儿童语言逐渐向成人语言靠拢，功能范围逐渐缩减，这些微观功能就让位于宏观功能。

2. 宏观功能

相对于微观功能，宏观功能更为复杂、丰富和抽象。它是儿童由原型语言向成人语言过渡阶段出现的语言功能。宏观功能包括以下两类。

（1）实用功能

实用功能源于儿童早期微观功能中的工具功能、相互关系功能和控制功能。它是指儿童将语言视为做事的工具或手段。

（2）理性功能

理性功能是由儿童早期微观功能中的个人功能、启发功能等演变而来。它是指儿童将语言视为学习知识和观察事物的途径和方法。

宏观功能是早期儿童语言功能的过渡期，它和微观功能、纯理功能存在功能上的延续性，这反映了人类语言为数不多的几种功能可被运用于多种社会场合，同时也反映了人类在运用语言的过程中创造语言的必要性。

3. 纯理功能

纯理功能在功能语言学派中影响巨大，包括以下三种。

（1）人际功能

人际功能是指语言具有表明、建立和维持社会中人的关系的作用。通过此功能，讲话者能通过某一情境来表达自己的推断、态度，并对别人的态度、行为造成影响。

（2）篇章功能

篇章功能是指语言具有创造连贯的话语或文章的功能，这些话语和文章对语境来说是切题和恰当的。

（3）概念功能

概念功能是指人们通过语言将自己的内心世界和现实世界的经历进行表述的功能，语言的概念功能是指人们以概念的形式对其经验加以解码，并对主客观世界发生的人、事、物等因素进行表达和阐述。

（二）克拉申的二语习得理论

20 世纪 70 年代，克拉申针对第二外语的习得提出并发展了二语习得理论。该理论是最具争议的二语学习理论之一，共包括下面五个部分。

1. 习得——学习假设

“学习”和“习得”不同，它们是培养外语能力的两种途径。“学习”是学习者通过课堂学习等方式有意识地掌握语言语法规则的过程，而“习得”是学习者在无意识的状态下形成并掌握语言能力的过程，是一种类似于小孩子学习母语的过程。

2. 自然顺序假设

一种语言的语法规则或结构是按一定的、可以预知的顺序习得的，这种情况也适用于第二语言（外语）的学习。

3. 输入假设

理想的输入应具备以下四个特点。

首先，应具有足够的输入（i+1）。i+1 是克拉申提出的著名公式。其中，i 代表习得者现有的水平，+1 表示语言材料应略高于习得者目前的语言水平。这意味着，只要习得者能理解输入的材料，且达到了一定的量，就意味着已经自动有了这种输入。

其次，应具有可理解性。输入的语言必须可以理解，不可理解的输入对学习者不仅无用，而且还会损害其学习的积极性。可理解性的语言输入是语言习得的必要条件。

再次，应既有趣，又有关联。趣味性与关联性可以增强语言习得的效果。

最后，应按照非语法程序安排。在语言习得的过程中不必按语法程序安排教学活动，重要的是要有足够的可理解的输入。

按照克拉申的理论，外语教学时应尽量向学生提供可理解的语言输入，教师应使用一切手段来增加语言输入的可理解性。

4. 监察假设

克拉申认为，有意识的学得（知识或规则）只能起到监察的作用。

5. 情感过滤假设

“情感”指学习者的动机、需求、信心、忧虑程度以及情感状态。这些情感因素会对语言的输入起到促进或阻碍的作用，因而又被视为可调节的过滤器。

根据情感过滤假设，外语学习者的积极情感态度有助于更多地输入目的语，而消极情感态度则会过滤掉很多的目的语。因此，教师还应避免施加压力给学生，要努力创造一个轻松愉快、自由自在的学习气氛。

二、心理学理论

（一）行为主义心理学

行为主义学习理论的形成主要基于以下六个观点。

（1）语言是一种习惯，是人类所有行为的基本部分，是在外界条件的作用下逐步形成的。

（2）在语言习得和语言学习过程中，外部影响是内在行为变化的主要因素。因此，语言行为和习惯是受外部刺激的影响而发生变化，而不是受内在行为的影响。

（3）儿童习得和学习语言的过程是按照操作制约的过程进行的，即发出动作—获得结果—得到强化。这也是儿童习得语言的最基本的客观规律。

（4）学习是刺激与反应的连接，也就是说，有怎样的刺激，就有怎样的反应。

（5）学习过程是一种渐进的尝试—错误的反复循环—最后成功的过程。学习进程的步子要小，认识事物要由部分到整体。

（6）强化是学习成功的关键。语言行为需要正向强化才能形成并得到巩固。正向强化主要指学习上的成就感及他人的赞许和鼓励，它是帮助学习者形成语言习惯重要的外部影响因素。

当然，行为主义学习理论有很多不足之处，如它完全否认人类学习的内在心理机制，忽视了人类的主观能动性，难免会走向机械主义和环境决定论，受到认知主义等学习流派的批评。尽管如此，行为主义心理学的研究对英语教学仍有着重大影响，这些影响明显体现在实际的英语教学实践中。例如，在语言学习的初级阶段，学生的不断观察、模仿和实践就是遵循了行为主义的学习理论。在外语教学的初级阶段，反复操练被看作是语言学习的一个重要且有效的手段，并得到了广泛的应用。

（二）人本主义心理学

人本主义的学习理论起源于20世纪五六十年代在美国兴起的一种心理学思潮，被称为“心理学的第三势力”。人本主义心理学起初并不形成于对学习和学习过程的研究，而是从临床心理学家、社会工作者和心理咨询工作者等一些对人类行为的基本原理和基本假设持有相似观点的心理学家的应用研究中产生的。

第二节　高校英语教学的构成要素

一、教师

教师是教学活动的组织者，也是影响教学效果的最重要变量之一。教师的主导作用是在与学生的交往中得以实现的。教师在教学过程中，除了要充分发挥自身的主导作用，更要注重自身素质的提高。一名合格的英语教师应该具备以下三个方面的基本素质。

（一）专业素养

教师专业方面的素养包括如下几个方面。

1. 综合教学能力

综合教学能力是指在英语教学中所需要的语言本身之外的教学能力，主要包括书写、唱歌、绘画、制作、表演等。较强的综合教学能力要求如下：能写，即书写字迹工整规范；能唱，即能够结合学生学习的进程编写、教唱学生喜爱的英文歌曲；会制作，即能够设计制作适用于教学的各种教具，包括幻灯片、录像、电脑软件等；善表演，即能够充分利用体态语，以丰富的表情、协调的动作表达意义或情感，做到有声有色。

2. 系统的教学理论知识

系统的教学理论知识也是英语教师必须掌握的。所谓系统的教学理论知识，是指教师除了要具备教育学、心理学理论以外，还要掌握英语教学理论知识，这主要包括现代语言知识、英语习得理论知识和英语教学法知识等。

3. 较高的语言水平

较高的语言水平是一名英语教师的基础，主要包括扎实的语言专业知识和较高的语言技能。教师不仅要具备系统的英语语音、语法知识，还要具备较大的词汇量，同时要具有良好的听、说、读、写能力。较高的语言水平是开展教学活动的基本保障，教师只有具备较高的语言水平，才能全面地掌握教材，才能向学生传授英语语言知识，培养学生的英语语言技能。

4. 英语教学的组织能力

英语教学的组织能力主要指教师动员和组织学生集体进行学习的能力。这一能力主要表现在教师有效地掌握课堂、有效地动员学生积极参加学习等方面。在有效掌握课堂方面，教师要做到以下几点：注意教材内容、自己的言语和言语表达；注意学生理解和表达的正确性，包括语音、语法、词汇及思想表达等方面的内容；注意课堂气氛和纪律；注意掌握学生的注意力。做到以上几点，教师才可以使课堂教学井然有序。要想有效动员学生积极参与学习，教师需要具有一定的创造性。教师一进课堂就会进入一种创造性的境界，思维活跃，能够很容易地自由运用知识技能，从而使学生得到有力的感染，愿意全身心地投入教师引导的学习活动中。教师流利的英语本身就是动员学生的一种力量，教师发音要清晰、准确、流利，内容易懂、明确。而且，还要能根据学生的语言水平来组织自己的语言，使用学生学习过的词汇和语法结构。

5. 传授和培养英语知识技能的能力

（1）教师要善于讲解

讲解是所有教师所必须具备的最主要、最基本的工作能力。一名合格的教师要善于将复杂的教学内容变得通俗易懂，能够深入浅出地进行讲解。为此，教师不仅要充分了解学生的心理、生理特点以及学生的英语水平，还要认真细致地备课，并且要根据不同的内容选择适当的讲授方法，在讲解的过程中还要做到重点突出。

（2）教师要善于示范

英语教学既要传授知识，又要培养技能。学生语言技能的训练包括发音、书写、朗读、说话，这些都需要教师进行示范，然后学生对教师的示范进行模仿。教师要将示范和讲解相结合，用示范配合讲解，或者用讲解来突出示范中的重点，做到示范正确标准。由于示范是为了让学生进行模仿，因此还要与学生的实践相结合。

（3）教师要善于提问启发

向学生提问是英语教学的重要手段，教师要善于使用这一手段。例如，在讲授新知识之前通过提问来复习旧知识；用提问检查与复习讲授的内容。使用提问教学手段时教师要注意两点：提出的问题要适合学生的实际水平；提问要注意调动全班学生的积极性。

（4）教师要善于引导学生进行练习

语言技能的培养需要大量的语言实践，如语音练习、语法练习、口语表达练习、听力培养练习、阅读练习、写作练习等。教师要熟悉各种练习形式的作用，并在英语课堂教学中引导学生进行各种练习活动，有效培养学生的语言技能。

（5）教师要善于纠正学生语言中的错误

学生学习英语是一个逐步进步的学习过程，在这个过程中难免会出现错误。有些错误是学生可以自行改正的，教师对此类错误不必纠正。而对于有些必须纠正的错误，教师也应该有策略、有技巧地进行纠正。哪些错误需要纠正，哪些错误无须纠正，在何时纠正，如何纠正，都反映着教师的教学实践素质。

6. 教师要具备较强的科研能力

以往的英语教学只要求教师具备一定的语言水平和教学水平，随着时代的发展，教育对教师提出了新的要求，教师除了语言水平和教学水平外，还要具备较强的教育科研意识和科研能力。

为了提高我国英语教学的效果，我国不应满足于借鉴国外的教学理论与方法，还应充分考虑中国的特色，结合我国的教学实践，通过融合与创新，努力探索具有中国特色的英语教学之路。为此，教师应该结合自己的教学经验和教学实践，通过不断调查研究教学实践过程，分析总结经验，改进教学，并将其中成功的经验上升为新的理论，丰富我国的英语教学实践，促进我国英语教学的发展。

（二）师德素养

师德是教师最重要的素养，也是教师从事教育教学活动的动力源泉。师德决定着教师对学生的热爱、对事业的忠诚、对教学执着的追求和对人格的塑造。因此，英语教师必须具有坚定的理想信念，科学的世界观、人生观、价值观，忠于人民的教育事业，具有爱岗敬业的奉献精神，热爱学生。教师只有自身真正懂得奉献、体现公正、具有责任感，才能做到言传身教。

（三）人格素养

人格素养是教师素养的综合体现。一名优秀的英语教师应具有高尚的道德品行，令人愉快的个人性格，宽容、谦逊、好学的品质，正确的自我意识，良好的心理素质，幽默的语言表达，和谐的人际交往，端庄的仪表风度，崇高的审美素质，积极耐心的工作态度以及丰富的知识经验等。这些方面并不是孤立的，而是相互联系、相互影响的。

二、学生

学生是英语课堂教学的主体和中心。每个学生都是独特的个体，他们之间存在着各种差异，这些差异尤其体现在语言潜能、认知风格、学习动机、学习态度以及自身性格等方面，而且这些差异使他们理解和掌握新知识的速度和程度不尽相同。这里重点分析一下学生在各方面存在的差异。

（一）语言潜能差异

语言潜能是学习英语所需要的认知素质，或是学习英语的能力倾向，它是一种固定的天资。努力提高学生英语素质就是要培养学生的综合语言运用能力，而语言潜能正是就学生的认知素质来预测其学习英语的潜在能力。

（二）认知风格差异

认知风格是指人在信息加工过程中，表现出来的认知组织和认知功能方面的持久一贯的风格，它既包括个体知觉、记忆、思维等认知过程方面的差异，也包括个体态度、动机等人格形成和认知功能与认知能力方面的差异。不同的学习个体有不同的认知风格。应该说，不同的认知风格各有其优势和劣势，但这并不代表学生的学习成绩有差别。因此，教师应了解并尊重学生不同的认知风格类型，针对不同的学习任务和学习环境施教，妥善引导，使自己的教学特点与学生的需要有机联系，进而取得良好的教学效果。

（三）情感因素差异

情感因素方面的差异主要涉及以下三个方面。

1. 学习动机

学习动机是指激发个体进行学习活动，维持已引起的学习活动，并使行为朝向一定的学习目标的一种内在过程或内部心理状态，是直接推动学生进行英语学习的内部动力，是影响英语学习成绩的一个关键因素。学习动机来源于学习活动，也是学习活动得以发动、维持、完成的重要条件，并由此影响学习效果。

2. 性格

性格是指一个人对现实的态度和行为方式表现得比较稳定但又可变的心理特征，是学生的重要情感因素，也是决定其英语学习成功与否的关键因素之一。人的性格大体可以分为外向型和内向型两种。外向型的学生有利于交际方面的学习，因其喜欢交际，不怕出错，能积极参与英语学习活动，并在活动中寻求更多的学习机会；而内向型的学生在发展认知型学术语言能力上更占优势，因其善于利用沉静的性格从事阅读和写作。对教师来说，研究学生性格差异的目的，是为了充分了解学生的个体差异和不同的心理状态，发挥不同性格学生的优势，因材施教，以获得更理想的教学效果。

3. 态度

态度是指个体对待他人或事物的稳定的心理倾向或为达到某种目的而做出的一定努力，是影响英语学习的重要因素之一。态度包括三个方面：情感成分，即对某一个目标的好恶程度；认知成分，即对某一个目标的信念；意动成分，即对某一个目标的行动意向以及实际行动。对学生个体差异的分析是为了使教师能够根据学生的个体差异制订教学计划，选择适合的教学材料和方法，具有重要的实践意义。

三、教学内容

教学内容是连接学生和教师之间的桥梁，也是教学实践中不可或缺的一个重要构成因素。所谓教学内容，就是指在教学活动中为实现教学目标，师生共同作用的知识、技巧、技能、思想、观点、概念、事实、问题、行为习惯等的总和。教学内容是一种特殊的知识系统，既不同于语言知识本身，也不同于日常经历；既要考虑英语学科本身的知识体系，又要考虑学生的年龄特点和实际需求等。一般来说，教学内容包括以下几个方面。

（一）语言知识

基础英语语言知识是综合英语运用能力的有机组成部分，是语言学习和语言运用的重要内容之一。没有扎实的语言知识，就不可能具有较强的语言能力。

（二）语言技能

听、说、读、写是学习和运用语言必备的四项语言基本技能，是学生形成综合语言运用能力的重要基础和手段。听是分辨和理解话语的能力；说是运用口语表达思想、输出信息的能力；读是辨认和理解书面语言的能力；写是运用书面语表达思想、输出信息的能力。学生通过大量听、说、读、写的专项和综合性语言实践活动，形成这四种技能的综合运用能力，为真实语言交际奠定基础。

（三）情感态度

所谓情感态度，是指兴趣、动机、自信、意志和合作精神等影响学生学习过程和学习效果的相关因素，还有在学习过程中逐渐形成的祖国意识和国际视野。在教学中，教师应不断激发并强化学生的学习兴趣，引导他们逐渐将兴趣转化为稳定的学习动机，树立自信心，锻炼克服困难的意志，认识学习的优势与不足，乐于与他人合作，养成和谐和健康向上的品格。

（四）文化意识

在英语教学中，文化指所学语言国家的历史地理、风土人情、传统习俗、生活方式、文学艺术、行为规范、价值观念等。对学生来说，接触和了解英语国家文化有利于学生对英语的理解和使用，加深对本国文化的理解与认识，有利于提高人文素养，培养世界意识。因此，教师在教学中要主动向学生渗透文化意识，根据学生的年龄特点和认知能力，传授文化知识，培养文化意识和世界意识。

（五）学习策略

学习策略是指学生为有效地学习和发展而采取的各种行动和步骤。英语学习的策略包括认知策略、调控策略、交际策略和资源策略等。培养学习策略有助于学生有效学习英语，为终身学习奠定基础。使用有效的英语学习策略，可以改进英语学习方式，提升学习效果，还可以让学生学会如何学习，从而培养学生自主的终身学习能力。因此，教师要有意识地帮助学生形成适合自己的学习策略，对自己的学习过程和效果进行监控和反思，培养学生根据学习风格不断调整学习策略的能力，引导学生观察他人的学习策略，与他人交流学习体会，尝试不同的学习策略。

教材是教学内容的重要载体。在新课程改革中，教材是重要的教育教学因素。教材是教师用来教学的材料，也是学生用来学习的材料。简单地说，教材是为教师的教和学生的学服务的，是课堂的必需要素。然而，教材是死的，学生是不断变化的，而且任何教材的编写都受编者水平和资料的限制，不可避免地会存在某些缺点和不足。如果教师一味地以完成教学任务为目的，忽略学生的反应，按部就班地使用教材，恐怕很难起到促进学习的作用。因此，在教学过程中，教师应灵活处理不同的教材，在课上或课下询问学生的感受，及时调整教学的方法和进度。

四、教学环境

任何教学活动都是在一定的教学环境中进行的，教学环境是教学活动的基本要素之一，是开展教学活动的依托。同样，英语教学也必须在现实的英语教育环境中进行，所以英语教育受制于环境这一因素。

（一）教学环境的构成要素

英语教学环境是指英语教学赖以进行的实际条件，即能稳定教学结构、制约教学运作、促进个体发展的教育条件和环境因素。环境因素是制约和影响英语教学活动和效果的外部条件。教学环境主要由以下三个要素构成。

1. 学校环境

学校是为学生提供学习场所和学习手段的最佳环境，它对英语教学的影响更为重要和直接，决定着绝大多数学生英语学习的成败。学校环境主要包括课堂教学、接触英语时间的频率、班级的大小、教学设施、教学资料、英语课外活动、英语教师及其他教职工对英语的态度及其英语水平和师生人际关系等。

2. 社会环境

社会环境是影响和制约英语教学过程的重要因素，它主要指社会制度、国家的教育方针、英语教育政策、经济发展状况、科学技术水平、人文精神、社会群体对英语学习的态度以及社会对英语的需求程度等。社会环境因素是英语教学向前发展的动力，对英语教学具有重要的导向作用。

3. 个人环境

个人环境主要包括学生的家庭成员、同学、朋友的社会地位，物质生活条件，文化水平，职业特点和对英语学习的态度、经验、水平及学习方式，成员之间的关系及感情，学生的经济状况，拥有的英语学习设备和用具等。个人环境也会对学生的英语学习产生一定程度的影响。

（二）教学环境对英语教学的意义

成功的英语语言学习活动离不开其得以存在、发展、交流、应用的各种环境因素。教学环境潜在地影响着教学活动的效果，是学生学习活动赖以进行的主要环境。教学环境对英语教学的意义主要表现在以下几个方面。

（1）促进教师在教学中更加努力地营造良好的英语课堂教学环境，充分利用现代化教学手段与教学资源，优化教学环境，提高学生对英语的运用能力。

（2）可以帮助教师正确认识环境对学生英语学习的客观影响，结合中国的英语教学实际，理性地分析、判断和选择外国的英语教学理论和教学方法。

（3）可以帮助教师有效地加工语言输入材料，科学地设计语言练习，创设良好的课堂英语使用环境。

（4）有利于教师在不断学习和实践优化课堂教学环境的策略，创设良好的英语教学环境的过程中，提高自身的教学素质。

五、教学方法

语言教学教无定法，贵在有法。在英语教学历史上，有多种教学方法都曾经发挥过重要作用，有效地促进了英语教学的发展。在英语教学中，教师应该注意无论使用什么样的教学方法，都必须以学生的语言交际作为教学的出发点，尽量将教学与日常实际生活结合起来，鼓励学生有创造性地、有目的地运用已学语言材料，在新的生活场景中重新组织语句，表达自己的感情。同时，教师应力求使教学过程交际化，教材内容选自真实生活中的自然交际，适合学生的年龄，对处于不同阶段的学生采取不同的教学方法。

第三节　高校英语教学的基本原则

一、以学生为中心原则

学生是教学活动的主体与内在因素，英语教学要以学生为中心，充分发挥学生的主观能动性，提高教学效率。在英语教学中，实施学生中心原则要求教师从以下两个方面着手进行：教材分析要以学生为中心、教学方法和手段的选择要以学生为中心。

（一）教材分析要以学生为中心

教材分析时，教师应充分理解并把握教学内容，了解学生所处的不同阶段的实际情况以及学生的学习能力状况，以此作为调整教学目标与任务的依据；教师还要根据学生的需要，对教材内容和活动进行心理化处理和最优化处理，使教材与学生的经验与体验结合起来，将教材内容变成问题的链接和师生对话的中介，使教材更好地服务于教学。

（二）教学方法和手段的选择要以学生为中心

在英语教学过程中，教师应选取多样化的教学方法和手段，做到以学生为中心。直观的教学方法可以使学生直接感受和理解语言，通过视、听、说可以激发学生参与的兴趣，强化记忆。形象化教学手段可以适应学生的直觉思维特点，因此教师可选择一些利于激发学生兴趣和好奇心的媒体，如幻灯、投影、模型、录音、图片等，使他们积极地参与课堂学习，自然地感知语言，满足个人的需求。

二、循序渐进原则

英语教学的循序渐进原则主要包括以下三层含义。

（1）语言的学习应从口语开始，然后逐渐过渡到书面语。英语包括两种形式：口语和书面语，且口语早于书面语出现。与书面语相比，口语词汇通常较为常用，句子结构简单，学习起来比较容易。学生通过口语的学习可以尽快地获得交际技能，满足日常交际的需要，这样就达到了学用结合的目的。

（2）就听、说、读、写等语言技能的培养而言，教师应该首先侧重培养学生的听说能力，逐渐过渡到读写技能的培养上。听、说、读、写是英语的四项基本技能，应该全面发展，但是在不同的阶段，侧重点应有所不同。听说教学能使学生掌握基础的语言知识，包括语音、词汇、句子结构等，这为读写能力的培养奠定了基础。因此，在英语学习的初级阶段，教师应加强“听、说”教学，然后再逐步向“读、写”教学过渡。

（3）英语语言知识、语言技能以及使用语言的能力的完成与提高是一个循序渐进的过程。学习英语是一个螺旋式发展的过程，需要反复循环，但这种循环并非单一的重复，每一次重复在难度和深度上都有所提高。此外，循环往复要求教学中要做到以旧带新，从已知到未知。因此，教师应以学生已有的语言知识和已熟悉的语言技能为出发点，传授新的知识，培养新的技能。

三、输入优先原则

英语教学要坚持输入优先原则。所谓输入和输出，是指学生通过听和读接触英语语言材料以及学生通过说和写来进行表达。语言输入的量越大、质量越好，语言输出的能力就越强。可见，输入是输出的基础。

（一）对外语学习中对待语言输入的三个方面特点的总结和归纳

（1）可理解性，是对所输入语言材料的理解。

（2）趣味性和恰当性，指学习者对所输入的语言材料要感兴趣。

（3）足够的输入量。足够的输入量在英语教学中也很重要，但目前英语教学对此有所忽视。

（二）在英语教学中坚持输入优先原则要注意的几个方面

1. 注重输入内容和输入形式的多样化

输入形式可以包括声音、图像、文字等，语言题材和体裁要内容广泛、来源多样。例如，利用在日常生活中每天都会接触的文具、衣服、道路标志、电器等就可以帮助学生潜意识中学到许多英语。

2. 多给语言输入

教师可以通过视听、听和读等多种手段，尽可能多地让学生接触英语，多给学生可理解的语言输入。教师应该打破课内外的界限，利用声像材料的示范，贴近学生日常生活和学习、适合学生的英语水平、具有时代特色的读物等，扩大学生的语言接触面，增加学生的语言输入，以利于学生更好地学好英语。

3. 着重强调学生的理解能力

为学生提供的语言材料要切合学生的实际情况，具有可理解性与趣味性。向学生输入的材料要符合学生的现有水平，只要求学生理解，不必刻意要求学生即刻输出。从教学方法而言，这也坚持了先输入后输出的原则。然而仅依靠语言的输入不可能掌握英语并形成综合运用英语的能力，还需要适当的口头和笔头的表达来检验和促进语言的输入。

4. 鼓励学生进行模仿

有效的模仿是模拟生活中的真实情景，注意语言结构所表达的内容。换句话说，模仿最好是让学生身临其境去使用所要模仿的语言。例如，在结对练习、小组练习的时候，让学生根据实际情况使用所学习的语言，才能把声音和语言的意义结合起来，学生才会在课外运用所学语言。模仿是在优先输入语言的基础上，对语言进行的有效练习和输出实践。

四、兴趣性原则

在英语教学中，教师应意识到兴趣的巨大作用，尽可能调动学生的内在动机，激发学生对英语学习的主观愿望，以获得更好的教学效果。在英语教学中，教师可从以下三个方面入手来调动学生的学习兴趣。

（一）尊重学生的主体性，充分了解学生的特点

教师必须清楚地认识到学生是英语课堂的主体，学生通过积极主动的尝试与创造，才

能获得认知和语言能力的发展，教学活动也才能达到预期的效果。教师要根据学生的心理和生理特点，遵循语言学习规律，采用多种教学方式，让学生通过体验和实践进行学习，从而形成语感，提高交流能力。

（二）改变强调死记硬背、机械操练的教学方式以及传统的英语测试方式

英语学习需要一定的死记硬背和机械操练的活动，但是如果机械性操练太多，则很容易使学生降低甚至失去学习英语的兴趣。为此，教师应该以学生感兴趣的方式帮助学生获取知识，使他们在获得交际能力的同时，综合素质也得到相应的提高。

（三）对教材进行深度挖掘

教师在备课过程中，应认真地研究教材，挖掘教材中学生感兴趣的内容与话题，使每节课都有让学生感兴趣的内容和活动，以最大限度地调动学生的积极性。

五、系统性原则

在英语教学过程中要遵循系统性原则，目的是使学生对所学内容能有比较系统、完整的概念，在各部分知识之间和新旧知识之间建立有机的联系，在消化所学内容时思路清晰而有层次。具体来说，系统性原则主要涉及以下三点。

（一）系统安排教学工作

英语教学工作的安排要有计划性，要求做到以下几点。

1. 教师要有计划地备课

例如，一篇课文要上八课时，在备课时要一次性备好，不能今天上两节课就备两节课的内容，要一次性备好。

2. 教师的讲解

要逐步深入、条理分明、前后连贯、新旧联系、突出重点，一环套一环，一课套一课，形成一个有机而系统的体系。

3. 教学的步骤

培养技能的方法应该符合掌握语言的过程。要根据课程的最终教学目的，由易到难，逐步提高要求。

4. 练习布置要具有计划性

要先进行训练性练习，然后再进行检查性练习。此外，练习的形式要具有体系性，相同的练习形式也要有不同的要求。

5. 布置家庭作业和讲课的重点应当密切结合

每次作业要有明确的目的，课内课外要通盘考虑。

6. 要经常检查学生掌握知识和技能的情况

每堂课要有一定的提问并做相应的记录，这可以对学生起到督促的作用。对于学生的平时成绩不能仅凭教师的印象来评定，因此平时对学生所做的口、笔头作业要有记录。

（二）系统安排教学内容

英语教学内容的安排要有严密的计划和顺序。例如，低年级英语教材教学内容的安排基本上应是圆周式的，对系统不要机械地去理解，切忌搬用科学的系统。教师应该按教科书的安排特点和班级的情况合理组织讲课的内容，确定讲课的重点。当出现一个生词时，不要急于一次把这个生词的所有意义、用法全部教给学生。当教授一条新的语法规则时，不要一次向学生交代有关这条规则的全部知识，要将知识分步教给学生。教学内容的安排应该服从教学的系统。这样才能由浅入深，由易到难，由分散到系统。

（三）系统安排学生学习

教师要指导学生进行连贯的学习。学习要循序渐进，要经常、持久连贯地学习。因此，教师在教育学生时要有恒心，经常及时地带领学生进行复习和做好功课。此外，教师还要指导学生正确处理好平时和期末的关系。必须向学生明确，即将学习重点放在平时，平时训练要从难从严。坚决反对那种平时学习不努力，期末考试临时抱佛脚、突击开夜车的做法。此外，教师还要经常关心和指导学生的学习方法，并针对学生的个人特点施教。

第二章　高校英语教育教学理念

第一节　第二语言习得和高校英语学习

第二语言习得是一个既古老又年轻的学科。早期第二语言习得理论源于外语教学，而西方的外语教学可以追溯到古罗马时期，距今已有 2000 多年历史。中国的外语教学至今已有 600 多年的时间。

一、第二语言与外语的区别

第二语言与外语是两个不同的概念，西方学者通常认为第二语言是指母语以外的。在社会生活中经常使用的语言，例如，移民为适应新国家所学习并使用的语言，移民通常在家庭内部使用母语，而在家庭以外的社会生活中使用生活所在地的地方语言。例如，我国学生大多在学校里学习英语，但是在社会生活中却几乎没有机会使用英语，这种情况下英语就是外语。

外语学习与第二语言学习既有相似也有不同。首先，语言环境不同。第二语言的学习者有着优越的语言环境，他们生活在目标语言的环境里，与目标语言的使用者及其文化朝夕相处，第二语言的输入量大、真实、地道。而外语学习者仅有的外语环境就是课堂，外语输入量小，输入的语言缺乏灵活性。其次，学习动机不同。第二语言学习者为了生存，学习动机强烈，没有回避学习或者怠慢学习的选择余地。而外语的学习者则大不相同，他们的学习动机往往是功利性的，除非是迫于考试、择业等压力，否则他们往往不会具有十足的学习动力。

综上所述，我国的外语学习与西方学者所谓的二语习得是既相似但又不同的。在我国的外语教学中，对于二语习得的理论，我们既要重视、吸收和利用，又要慎重、甄别和取舍。

二、二语习得理论综述

二语习得理论，即“在自然或指导的情况下通过有意识学习或无意识吸收掌握母语以外的一门语言的过程”，是我国外语教学模式构建的重要理论依据。

下面将对国内外二语习得理论研究的主要方面，即中介语理论、普遍语法假设、认知模式研究、监察模式、文化适应研究、学习者个体差异研究、二语习得环境论、二语习得的关键期理论等进行简要介绍。

（一）中介语理论

中介语是指语言学习者在学习外语过程中自发创造及运用的一种介于母语与目标语之间的中介语言。中介语有五种来源：语言迁移、培训迁移、二语学习策略、二语交际策略及对目标语言规则的过渡概括。学习者的母语和目标语是中介语产生的两个基本因素。尽管学习者所采用的学习方法及策略各不相同，但都会借助于母语知识，吸收第二语言的新知识，使原有知识与新知识交织、融合，从而构建起一套自己的过渡语系统。

随着对中介语研究的深入，后期研究者改变了一些看法。在二语习得中，学习者建构了一个抽象的语言规则系统，即中介语系统，作为理解与生成第二语言的基础。这个规则系统被看作是一种心理语法，可以解释为学习者拥有的一种内隐的第二语言的知识系统，随着时间的推移，学习者将有规律地改进这个系统。到了 20 世纪 80 年代，中介语研究产生了许多新的理论模式。

（二）普遍语法假设

普遍语法假设基于人脑的语言系统在习得和使用任何语言时都遵循一定的普遍性原则。该原则反映人脑的内部结构是先天规定的，是适用于一切人类语言的高度抽象化的语法属性。某一具体的语言可能并不具有某些原则，但是没有任何语言违反这些原则。例如，邻接原则就是这样一条普遍性原则，它对从深层结构生成表层结构过程中句子成分可以移动的最大距离做了界定，一个成分一次最多只能跨越一个界限节点。因为界限节点的界定范围存在语言之间的参数变化，所以不同语言对移动距离所做的限制程度不一。“参数”是变量，反映了语言与语言之间的差异，有两个或两个以上的值，不同语言之间的差异体现为不同的参数值。不变的原则与可变的参数进行变换组合，便产生了不同的语言。相近语言之间的参数更为接近，而不同语言的差异则是由不同的参数导致的。例如，有些语言允许代词脱落，而有些语言则不允许，那么这里就有两个参数值，即“脱落”和“非脱落”。英语不允许代词脱落，是非脱落语，而汉语则允许代词脱落，是脱落语。

普遍语法是人类通过生物进化和先天遗传获得的一种固有的语言知识，是人类与生俱来的语言初始状态，而后天获得的个别语法则是对普遍语法原则进行参数设定或参数选择的结果。以普遍语法为起点，儿童通过后天的语言习得经验确立和设定目的语的参数值，从而建构个别语法。需要指出的是，上述假设是有争议的。例如，对于邻接原则是否适用于一切母语习得者和二语习得者的问题，语言学家对不同母语背景的英语学习者得出的检测结果完全不同，当对二语习得者与母语习得者进行对比实验时，结果也不同。

（三）认知模式研究

认知语言学问世于20世纪80年代，主要探讨认知语言学理论并以此描述英语、汉语等具体语言。随着理论研究的深入和成熟。其研究成果不断被运用到二语习得和教学中，以解释和解决二语习得和教学中出现的问题并检验认知语言学理论。

认知语言学对语言习得的基本观点如下。

（1）母语和第二语言都是以具体用法为基础逐步习得的。因此，在二语习得教学中要充分重视具体语境中的具体用法，要设法引起学习者的充分注意，让他们结合语境多练习常用表达。

（2）儿童母语习得与二语习得都是通过一般的学习机制获得。二语学习者的学习机制与母语学习者有所区别。世界上大多数二语学习者都部分或主要依赖课堂学习，缺乏丰富的交际环境，许多人的学习目的也不是为了了解目的语的文化。在课堂中，教师只是根据教科书向学生介绍词汇、语法、语篇等方面的规则和规律，虽然有时学习者也会依靠有限的目的语输入进行类比、结构映射和结构合并，但大多数情况下都是由教师引导进行的，交际意图识别和文化学习所起的作用明显要比在母语习得中小。

（3）二语习得受母语干扰、母语知识的遮蔽和阻断等因素的影响较大。对以课堂学习为主的二语习得来说，这种差别更大。例如，学习主要依赖课堂的二语学习者接受的目的语的输入严重不足，不仅无法与母语习得相比，而且相比目的语的环境输入量也相差很多，因此很难熟练掌握第二语言，甚至会发生固化现象。

（4）二语习得要充分利用语言的动因。认知语言学认为，语言不是任意的，而是一般认知过程的反映。

（5）恰当利用原型和图式能促进二语习得。

（6）强调学习者的自身参与。因为语言是在具体的社会环境中，通过真实互动学会的。

（四）监察模式

克拉申的监察模式是二语习得领域的重要理论，对二语习得领域影响深远。克拉申将其监察论归结为五项基本假说：输入假说、习得与学得假说、自然顺序假说、监察假说和情感过滤假说。

1. 输入假说

输入假说是监察理论的核心内容。该假说强调合理的输入是语言习得的唯一方式。所谓合理的输入，是指输入的质和量的问题。关于质的要求，主要是指难度方面的把控。克拉申认为，输入语言的难度必须高于学习者现有的水平，但是又不能高出太多，因为当输入的难度过大时，会造成习得者的理解困难从而阻碍习得。因此，他强调“可理解的输入”。

2. 习得与学得假说

习得和学得是两个不同的概念。成年人掌握一门外语既可以通过习得也可以通过学得。其中习得是指一种并非有意的过程，是沉浸在外语环境下出于交际的必须自然理解和掌握语言知识的过程。克拉申认为习得的过程与儿童掌握母语的过程是一样的，而学得则是指习得者有意地学习一门语言的语法规则，类似于课堂的学习方式。

3. 自然顺序假说

20 世纪 70 年代，一些研究者采用双语句法测量等方法研究二语习得者有关语素的习得情况。在此基础上，克拉申提出了“自然顺序说”，声称学习者按可以预测的顺序习得语言规则，而且不受课堂教学中语言规则顺序的影响。

4. 监察假说

在正常情况下，只有通过“习得”所掌握的语言才是真正能够用于交际的语言。人们只有通过习得才能真正地建立起语感，并获得流利的语速。由于监控需要时间，所以在口语交流中，人们迫于表达含义来实现交流的目的，一般很难在有限的时间内监控语法的准确度。但是在写作等时间充足、有准备余地的语言活动中，习得知识的作用会比较大。人们会字斟句酌地用习得的知识来监控自己写出的句子是否正确。

5. 情感过滤假说

情感过滤是指由于学习者的情感因素所导致的学习受阻。例如，焦虑心理就会阻碍语言的习得。这是对输入假说的补充，也就是说，若想习得一门外语，除了充足的可理解的输入外，还必须考虑情感因素。这里所说的情感因素主要包括学习动机、自信心和顾虑。学习动机影响学习行为，动机明确而且强烈的学习者付出的努力自然多，收获也更大。一般自信的学员进步更快，顾虑越少的人，在交流中越活跃，输入和输出的量更充足，习得效果也更好。

（五）文化适应研究

文化适应角度的二语习得研究是指习得者对目标语言所属文化的适应程度对语言习得效果的影响，目前这一理论在我国尚不成熟。我国学者研究文化适应主要是从西方文化对我国的影响而展开的，例如，西方的饮食文化、娱乐文化对我国的冲击。

（六）学习者个体差异研究

不同的语言习得之间是存在差异的，自 20 世纪 50 年代以来，研究者对这种个体差异对语言习得产生影响的研究从未间断。尽管这项研究还处在发展阶段，尚不成熟，但其现实意义不言而喻，因此一直吸引着大量学者。目前，研究个体差异究竟应该关注哪些变量还没有定论。

（七）二语习得环境论

该理论研究的是外界环境对语言习得的影响。支持环境论的学者往往格外强调外在环境的重要性而不重视习得者的先天差异。他们认为先天差异在正常人之间是微乎其微的，基本可以忽略不计。所以环境论主要是在不考虑先天差异的前提下，研究外部环境的变化对语言习得的影响，分析各种外部环境变量对习得成果所起作用的大小。起初，在“行为主义”的刺激——反应理论的基础之上，环境论的观点是一种语言就是一套独立的行为习惯，学习掌握某种语言的过程就是培养一种特定的行为习惯的过程。习得第二语言的过程就是在培养新的语言习惯，在形成新习惯的同时要摆脱和避免旧的语言习惯的干扰。“文化迁移模式”是环境论队伍里提出的一个新观点。该理论的观点是，学习者在语言学习过程中会受心理上和社会文化同本族语者之间差异距离的影响。社会距离的概念是学习者作为一种社会群体中的一员与另一种语言的社会群体的接触，心理距离是指学习者作为个体所受到新的一种语言文化对自身心理或情感的影响。这些被看作是影响第二语言习得的社会和心理因素形成了“文化迁移”的内容，即学习者在学习一种新语言的同时也接受了一种新语言文化的过程。文化迁移还有许多内容，第二语言习得只是其中的一个方面，学习者第二语言习得的熟练程度取决于他们向目的语迁移的幅度。

学习母语时，语言环境对一个儿童能否成功习得母语起决定性作用。同样，二语习得的成败也取决于学习者面临怎样的外语语言学习环境。一般情况下，二语学习者在开始学习第二语言时都已经掌握了母语，生理和心理上大都基本成熟。目的语的语言信息主要来源于课堂教授和教科书，语言输入不仅数量很少，题材也不是很丰富。这就必然限制了学习者的学习效果，没有量变的积累，不可能发生质变。

我国曾派出为数不少的留学生到海外一些国家学习。这些留学生在出国前只受过一年左右的外语培训，很多人都是从最基础的语言知识起步的，接触的单词量也不是很大，交际会话不熟练，看书看报也相当困难，实际外语水平远不及今天的高中毕业生。但最终他们不仅能够在极短的时间内适应并使用目的语和本族语学生一起学习理论课和专业课，还能在异国他乡的环境里独立生存，原因就在于那里有学习外语的鲜活充分的语言环境，而且只能使用目的语在日常生活、工作中、学习中与别人交流联系，别无他选，这就大大地增加了他们使用目的语操练和实现能力迅速提高的机会。所以，语言环境对二语习得的成败起着决定性作用。

（八）二语习得的关键期理论

关键期是生物界个体发展过程中存在的一种普遍现象。生物学者认为，婴儿出生后的两年内，大脑左右半球具备均等的语言发展潜力，任何半球损伤导致的语言障碍都可以由未受损伤的半球“代行其职”。而在青春期后，由于大脑发生了变化，大脑不同区域的分工变得明确，大脑的发育趋于成熟，神经系统不再有弹性。负责语言学习的区域一旦受到损伤，那么其对语言习得的影响几乎是不可恢复的，因此便会产生失语症。

生物学中的关键期又被称为敏感期，是指在个体发展过程中，环境影响能起最大作用的时期。一般认为，生物个体在成长过程中逐渐习得的各种能力是各有其关键期的，在相应关键期内，如果环境适宜，发展某种能力是十分容易的，如果过了关键期，那么某些能力的形成就会十分困难，甚至是不可能的。在关键期内，生物个体对环境影响十分敏感，极其细微的刺激也能被感知到，而这种敏感性只会保持一段时间，随着时间的流逝，这种敏感性会逐渐降低。幼儿习得语言的惊人能力让许多语言学家认为人类的幼儿时期对语言的敏感度是极高的，幼儿时期很有可能就是人类习得语言的关键期。

语言习得关键期假说主要是基于母语习得过程提出的，但是从提出开始就立刻吸引了二语习得研究者的兴趣。如果语言习得的关键期在二语习得中同样起作用，那么二语水平的发展也应该随着年龄的增长呈现起伏变化。错过关键期的二语或者外语学习者不会达到母语者的语言水平。

三、二语习得理论与高校英语教学

二语习得理论与外语教学之间一直是相互促进的关系。早期的二语习得研究是外语教学的附属品。早期的二语习得研究主要是由语言教师进行的。语言教师基于教学经历而开展的研究和实验催生了二语习得这门理论的产生。以中介语理论为例，中介语理论源自教师在教授外语时进行的错误分析。教师逐渐发现这些错误的语言也是有规律的，经过深入研究，逐渐产生了“中介语”的概念，并逐步发展为中介语理论。但是随着研究的发展，二语习得理论的深度和广度不断加大，研究范围超出了外语课堂，于是逐渐脱离了外语课堂并发展成为独立的学术分支；研究者的架构也悄然发生着变化——由最初的外语教师转化为专门从事语言研究的学者，甚至吸引了一些心理学研究者及生物学研究者。而二语习得的蓬勃发展反过来又促进了外语教学的发展。目前，二语习得理论为外语课堂提供指导思想，而外语课堂又为二语习得理论的发展提供真实的实验素材和不断更新的研究命题。二语习得理论与外语教学注定是互帮互助的角色关系。下面，我们就二语习得理论对外语教学产生的主要影响做介绍。

（一）中介语理论对外语教学的影响

在中介语理论产生之前，教师一般把中介语看成学生的“错误”，这种消极看法使教师和学生无法正视“中介语”。中介语理论将这些“错误”进行归纳总结和对比之后发现了它们的规律——可变性、系统性和稳定性。

这个理论的提出，给外语教师提供了客观看待学生错误的视角。中介语的可变性告诉我们，二语习得过程中犯错误是在所难免的，是学习过程的正常体现。教师不单单要改正学生的错误，还要通过观察学生的错误来推测学生的外语水平并相应地调整教学内容。这个理论也同样有助于为学习者树立信心。二语习得者在语言学习的初期往往因为错误过多而失去信心，但是中介语理论让习得者学会正确看待错误的内在价值，中介语的系统性告知人们二语习得过程中的错误是可预测的，这个结论有助于外语教师在设计课程内容时“防患于未然”。外语教师可以通过调整教学内容来避免学生的潜在错误，让学生少走弯路。同时，中介语理论的稳定性，或称石化现象，则给外语教师提出了巨大的挑战。总之，中介语理论使外语教学发生了从“反对错误，修改错误”到“正视错误，利用错误”的转变，这是教学思想的重大进步。

（二）情感过滤假设对外语教学的影响

情感过滤假说对教学也有着积极的启示，它提醒教师不要忽略学生的心理方面。积极健康的心理能促进学习，同时，消极的心理也会降低学习效率。克拉申在情感过滤假说中提到了“动机、自信、顾虑”三个方面，提醒外语教师要让学生充分意识到学习的意义，强化学生的学习动机，同时，要保护学生的自信心，对学生取得的进步要给予慷慨的肯定和赞扬，而且要消除学生的顾虑，这在口语课堂中尤为重要。顾虑多的学生发言时思前想后，无疑失去了许多输出的机会。那么，教师就有义务教会学生正视错误，消除顾虑。同时，为了帮助学生调整心理状态，教师要营造愉快的课堂气氛和友好的相互评价的心态，让学生以轻松的心态学习外语。

（三）认知论角度的二语习得理论对外语教学的影响

外语教学从本质上讲是辅助学生完成外语认知的过程。认知论强调学生的能动性问题，反对让学生被动地、消极地接受语法，鼓励学生尊重人类天然的语言习得机制，自发地习得语言规则，这种理念提醒教师要充分尊重学生的能动性，给予学生充分的选择权。同时，认知论强调对语言的习得必须符合人类认知事物的客观规律，习得内容在顺序上也要符合认知的规律，这给教材的编排提供了新的视角。在翻译教学方面，认知论提倡从认知的角度实现信息的对等，追求信息传输的本质，因此给翻译教学带来了启示。

（四）学习者个体差异研究对外语教学的影响

学习者个体差异研究为外语教学中因材施教理念的体现提供了理论指导。如今我国很多高校的外语教学采用“分级教学”的方式——将差异较大的学生分到不同的班级并采用不同的教学方法。虽然分级的方式各有不同，例如，有的高校在低年级按照学生高考的外语成绩分级教学，在高年级按照学生的兴趣分设不同的选修课。但是，大致相同的是学生的划分大多还不够细致。随着教学条件的改善，将学生分类细化是必然的趋势，而细化的依据，就要借助个体差异研究理论。

（五）关键期理论对外语教学的影响

关键期理论是对外语教学产生影响最深刻的理论之一。由于关键期理论的提出，外语习得的年龄问题不仅仅引起了外语教师的关注，甚至得到了全社会的广泛关注。尽管关键期理论在二语习得领域还停留在假说阶段，但人们已经迫不及待地将其应用到实践中。

在大学外语教学中，关键期理论也发挥着作用。人们在论证关键期理论的过程中，做了大量的对比实验，这些实验数据，在丰富关键期理论建设的同时，也在为外语教学提供帮助。

（六）文化适应论与外语教学

文化适应角度的二语习得研究提醒人们文化知识的习得对语言的习得是有促进作用的，文化知识的缺失是阻碍语言习得的。这反映在英语教学中，就体现为提高西方文化相关知识的重要性。我国高校的英语专业设置西方文化课程的习惯由来已久，但是在公共外语教学领域，西方文化一直没有得到重视。传统的公共外语教学注重语法知识的讲解、词汇的记忆和听说读写技能的训练。但是在学生与外教的对话中，文化的缺失就会带来沟通的障碍，学生阅读原汁原味的英语文章，文化的缺失也会影响学生对词义的判断。但是，在有限的公共英语学时分出一部分用于西方文化知识的讲解是否值得，一直是外语教师疑虑的问题。文化适应论则为西方文化课程的合理性提供了理论基础。

第二节 高校英语教学中的影响因素

随着经济全球化的发展，我国英语教学已经得到了全社会的广泛关注。同时，国家对英语教学的投入力度也很大，但是从全国范围来看，英语教学并没有收到突出的效果。世界形势在不断向前发展，因此对我国英语教学质量的要求也越来越高。要想提高高校英语教学质量，就必须对影响教学质量的因素进行全面的分析，才能够根据实际情况提出教学改革策略。

一、新时期外语学科面临的挑战机遇

随着经济全球化的发展，教育国际化日益成为世界各国教育改革和发展的热点，也成为国家战略发展的目标和手段。外语教育的机遇和挑战并存。与 30 多年前相比，我国外语教学的整体质量有了大幅提高，为国家培养了大批优秀的外语专门人才，全民外语素质也大幅提高。信息化时代赋予了外语教学更大的发展和应用空间。然而，出于种种历史及

现实原因，目前我国的外语教学还存在不少局限和问题，给外语教学的可持续发展带来了困难和阻力。

（一）新时期外语学科面临的挑战

1. 外语学科缺乏长远规划，难以适应国家发展战略需要

首先，在国家层面上，我们目前还没有一个专门的机构协调和管理不同层次上的外语教育及与外语有关的政策和语言规划。作为一个拥有全世界最多外语学习者的大国，我们至今没有一个统一的外语能力标准，也没有一个统一的外语能力认证机构。其次，我们缺乏一个中长期的外语教育战略规划。随着全球化时代的来临和中国改革开放的深入，中国面临"走出去"、融入世界的挑战，同时，也面临境外一些对中国崛起感到焦虑的各种势力的遏制和挑衅，国家迫切需要懂不同地区的不同语言、熟知相关国家国情、了解世界各地不同文化的各类人才，为国家安全、政治、外交、经济、文化发展和社会安定服务。但我们现在一方面缺乏对关键外语语种的界定和研究，另一方面一些重要外语语种专业在全国的布局也缺乏宏观的政策引导或安排，对外语人才种类、层次和数量也没有从宏观上进行调控。最后，从专业发展角度看，不同语种发展很不均衡，外语教育和专门人才培养缺乏应有的层次和区域布局。从总体上看，高端外语人才匮乏，经济欠发达地区或边境地区尤其如此。外语语种专业的开设和布局受到经济利益的影响大，一方面是一些沿海地区和大城市外语专业人才过剩，另一方面在一些经济欠发达地区或边境地区，外语专门人才，特别是高端人才供不应求。

2. 外语教学定位模糊，应试教育泛滥，难以培养国家发展急需的国际化人才

我们要"借鉴国际上先进的教育理念和教育经验，促进我国教育改革发展，提升我国教育的国际地位、影响力和竞争力。适应国家经济社会对外开放的要求，培养大批具有国际视野、通晓国际规则、能够参与国际事务和国际竞争的国际化人才"。毫无疑问，大学毕业生要具备上述素质，其前提条件之一就是掌握一门甚至多门外语，特别是英语。然而，目前很少有高校能够把高校英语教学与国际化课程和国际化人才培养结合起来。审视我们的高校英语教学，其目标定位模糊，不少学校都以通过四、六级考试为高校英语教学目标。绝大多数学生通过四、六级考试后，英语学习则基本结束，之后也很少有使用英语的机会。总而言之，学生所学的英语技能未能有效地对其专业学习和职业发展起到应有的作用。

3. 外语教师科研能力薄弱，学术研究国际化程度偏低

外语学科在许多学校，尤其是综合性大学和理工类高校，面临被边缘化的危险。由于长期以来许多外语教师缺乏科研意识，缺乏相应的科研培训，加之教学工作量大，评估机制不科学，学校对外语学科的定位缺乏长远考虑，造成了学科研究方向不明确、总体科研水平不高、高端成果缺乏、国际化程度很低的局面。外语学科在各级各类科研项目申报、人才计划、成果评奖等方面处于明显的劣势已是不争的事实。外语学科学者在海外发表论文、出版专著、被引次数、学术影响力等方面甚至低于人文社科其他领域。在参与国际学术交流、举办国际会议或活动方面，外语教师也缺乏积极性，缺乏足够的底气和实力。

（二）新时期外语学科发展的机遇

1. 服务国家发展战略，加强外语战略与布局研究

随着全球化进程的加快，新时期国家发展战略为外语学科发展提供了新的机遇。随着国家经济的发展，我国的国际地位及在许多领域的话语权得到了快速提升，中国参与国际事务的机会不断增加，国家迫切需要大批“具有国际视野、通晓国际规则、能够参与国际事务和国际竞争的国际化人才”。同时，国家实施“走出去”的发展战略也需要大批专门的外语高端人才和国际事务人才。在中国逐渐融入世界、与世界各国人民交流的大趋势下，全民对学习外语、提高外语能力的需求也为外语学科的发展提供了更多的机遇。

为了对接国家发展战略，更好地发挥哲学社会科学“认识世界、传承文明、创新理论、咨政育人、服务社会”的基本功能，外语学科应该从长远出发，对外语教育布局、人才培养、学科建设等进行认真的思考和研究。

我们需要加强外语战略的研究。我们需要研究其他国家的做法，吸取它们在这方面的经验和教训。我们需要调查研究，了解我们在外语人才、外语使用、外语教育等方面的实际情况。更重要的是，我们还需要了解国家未来发展的需求，根据国家的发展战略，科学规划、调整外语教学结构，思考外语人才的培养和使用及如何有效地对接国家战略。

（1）战略目标既指向未来，又要从实际出发，要在实际的基础上提出发展的要求，创造发展的条件，制定发展的措施。战略目标要能够在现有的或可能的条件下付诸实施。外语战略目标应该是动态的，不同时期应制定不同的战略目标。

首先，要了解我们有哪些外语资源及这些资源的分布情况，以便我们合理规划、使用这些资源。我们需要建立一个外语资源和外语人才数据库，包括关键语种的不同级别人才数据库。

其次，加强外语规划与外语专业发展战略研究。关注外语专业的定位、外语语种布局、专业设置、办学层次、人才培养模式与规格、课程设置、跨学科与复合型人才培养研究、用外语开设的学位课程评估指标体系研究。开展外语政策与外语语种人才的培养及人才储备机制研究。

最后，根据国家未来政治、安全、经济、文化等方面的发展战略，研究并确定中国外语关键语种、研究性外语语种，未雨绸缪，培养与储备相关外语人才，研究特殊外语人才的培养与储备机制。

（2）对接国家“走出去”发展战略，推动中国学术和文化“走出去”。随着全球化进程的深入，中国学术和文化“走出去”已成为中国国家战略的一个重要组成部分，也是当今世界文化融合和人文交流的重要内容。外国语言文学学科在中国学术国际化与中国文化“走出去”过程中应该承担特殊的角色。一方面，我们应该研究中国文化和学术国际化的现状、存在的问题、努力的方向；另一方面，我们可以通过与海外学者和机构合作，直接参与中国学术和文化的国际化过程。同时，培养一批直接从事中国学术、文化翻译和传播的专门人才。

（3）加强区域和国际关系研究。随着中国“走出去”战略的实施，中国需要进一步了解世界、研究世界。外语院校或外语专业应利用多语种第一手信息和资料的优势，大力开展国别综合研究、大国关系研究、国别关系研究和外国文化深度研究。在对这些国家语言进行全方位研究的同时，对这些国家的文化展开综合研究，加深中国对世界的了解。同时，建立多语种舆情监测系统，加强对外合作与关系对策研究，为国家重大外交决策、公共外交和国家“走出去”战略服务。

与此同时，外语专业课程设置也应做相应的调整。首先，在专业发展目标上，应充分考虑语言课程与通识课程及相关专业课程的关系，把语言能力的培养作为提高学生专业学习能力的一个重要基础，语言学习促进专业学习。专业学习又为学生的综合语言能力服务。其次，大幅压缩基础语言训练课程，增加专业方向明确的研究性课程，努力培养学生的探究性学习能力和研究能力。最后，尝试多语种人才培养，鼓励学生学习诸如拉丁语、梵语等古典语言，培养学生研究西方传统文化的能力。

2. 加强外语教学理论研究，全面提升外语教学质量

在中国，加强外语教学改革，提高外语教学效率和质量已不仅仅是一个学校课程的问题，它更是一个事关国家安全和未来发展、事关数千万在校学生的“素质教育”、影响中国国际形象、影响中国对人类文明发展贡献程度的大事。因此，切实了解国家发展战略和

社会、经济、文化、教育发展对外语的真实需求，从国家利益高度对外语教育进行整体规划和布局是解决目前外语教学诸多问题的关键之一。

除了国家语言政策制定部门和教育管理部门根据国家宏观需求对外语教学明确定位、对各级各类学校的外语教学进行宏观指导外，各高校还应该根据自己的办学层次和人才培养类型对外语教学进行定位。

外语教学理论研究应加强基础阶段外语教学改革研究，以大幅提高中学外语教师的教学创新能力，以培养学生的外语使用能力为目标，淡化应试教学。我们应该研究中学教师职业发展、在职进修等问题，淡化应试教学。我们应该研究中学教师职业发展、在职进修等问题，开展基础阶段外语教学与大学外语教学的接轨问题与解决办法的研究，尽快制定统一的外语能力评价机制和标准。

在大学外语教学改革方面，我们应该深入探讨大学外语教学如何为高等教育国际化服务的问题。根据不同学校的专业特色情况开展特殊用途外语研究，提高学生运用外语学习专业知识、开展国际学术交流的能力。

二、高校英语教学中的影响因素

（一）学生

影响外语教学的首要因素当然是学生。要制订出合理的教学方案，从教人员必须充分了解学生的特点。

1. 智力因素

智力因素是一个十分复杂的因素。我们不能把智力因素简单归结为智商高低的差别。外语教学，尤其是在大学公共英语教学中，涉及的学生数量十分庞大，学生的智力状况差别也是巨大的。除了天生的智商差别外，还有很多其他因素。例如，智商大致相同的学生中有的更擅长逻辑推理；有的更擅长形象思维；有的对发音有天分而对语法木讷；有的对语法有着较强的理解和记忆能力，但在口语方面却略逊一筹。我们在进行班级划分时，本着因材施教的原则，要尽量将智力状况接近的学生分到相同的班级。

2. 非智力因素

前文提到的智力因素往往是天然的、难以改变的，但是这里提到的非智力因素的成因却更为复杂，社会的、家庭的、心理的影响都会改变学生的非智力因素。首先，动机是非常重要的非智力因素。学生的学习动机是存在差异的。学生如果有留学或移民意向，那么出于生存的必需，学习动力十分强烈。学生如果为了获得四、六级证书从而在未来的择业中占据优势，那么往往表现为对读写知识的重视超出对听说知识的重视。学生如果是非功利性的，出于兴趣而学习，那么往往会在课堂中表现活跃，发言积极。学生如果仅仅为了取得大学毕业证书，也就是说仅仅为了考试及格而学习，那么往往表现为课堂上的怠惰和考前的突击。其次，性格也是对外语习得影响较大的因素。学生的性格有的外向，有的内向。国内外学者就性格对语言习得的影响做了较多研究，大致认同的观点是，性格外向的学生，爱交流的特点会给他们带来更多的输入和输出的机会，从而使外语水平有所提高，他们胆子更大，不怕犯错，享受交流过程，因而口语水平提高更快。这样的学生，口语优势与听力水平是相互促进的。他们的弱势往往在体现读写方面，读写类学习需要更多的耐性和细心，在这两方面，一般性格内向的学生做得更好。再次，期望的不同也会对外语学习产生影响。学生对外语学习的期望决定着他们的努力程度。最后，学习习惯。学生的学习习惯是在其小学、中学的漫长学习生涯中逐渐养成的，到了大学阶段，已经趋于固化，很难改变，这会对他们的大学学习产生根本性的影响。学生能否合理安排时间，能否理性地自我控制，决定着他们能否顺利地习得外语知识。

作为教师，要充分考虑学生自身的因素，因为教学对象是教学活动的核心，与此同时，我们也要考虑教师自身的因素。

（二）教师

教师是课堂的主持者，教师掌控课堂的教学质量、学习进度、学习方式及学习氛围。一个合格的教师，应该在传授知识的同时，充分地掌控、引导课堂，使其向良性氛围转化。对教学产生影响的教师因素主要有以下几个方面。

1. 教育背景

教师的学识是影响其教学质量的首要因素。学识不单取决于其学历，学历高的教师也需要时时更新知识。学历低的教师也有可能通过自身的努力获得渊博的知识。一位教师的学识，决定着其授课内容是否精准。一位合格的高校英语教师，必须具备良好的英语语言知识技能，包括良好的发音、流利的口语、丰富的词汇、精准的语法及充足的语用知识。教师良好的语言素养对学生而言是榜样，是风范，能够激发学生的学习欲望和学习信心。值得注意的是，教师的学识必须是多方面的，一位好的学者未必是一位称职的老师。作为一名教师，除了本专业的知识外，教育学理论、心理学理论也是从业的基本需求。在当今科技时代，外语教师的知识储备中还必须包括多媒体授课知识，让课堂图文并茂、视听并重，是吸引学生的良好途径。随着时代的发展，对教师的知识结构会提出不同的要求，每位教师都要与时俱进。

2. 教学风格

教师所教授的学科不同、教师个人的性格不同，往往其教学风格也不同，理科以严谨为重，而文科却以博采见长。同样是教授外语知识，讲解语法和讲解西方文化所需要的课堂氛围也是不同的。教师的教学风格决定其课堂魅力，决定其课堂氛围。学生往往喜欢性格开朗、语言幽默、思想活跃、视野开阔的外语教师。教师要做到语言幽默而不失严肃，旁征博引而又详略得当，思维活跃而又脉络清晰是一项十分艰巨的任务。教师需要对教学内容和学生心理有着良好的掌控，也需要具备良好的沟通能力。

3. 教学态度

教师的教学态度对其课堂质量的影响也是不言而喻的。一位敬业的教师有充分的课前准备，做到内容翔实，有吸引力。而一位怠惰的教师往往照本宣科，课堂空洞乏味，这对学生的学习热情是一种打击。

4. 道德修养

教师的道德修养主要体现在职业道德和职业责任心这两个方面。具有良好道德修养的教师通过自己的一言一行，向学生渗透正确的人生观、价值观、道德观。教学未必是一帆风顺的道路，当教师与学生发生言语冲突、利益冲突时，教师要处处以教育为重、以学生为重，不能处处计较个人得失。同时，教师必须有强烈的责任感。在当今社会，高校英语教师肩负的责任是多重的。首先，是教书育人的责任，高校英语课程既是学生学习语言技能的窗口，也是学生了解西方世界的窗口，高校英语教师肩负着传播语言知识与传播跨文化沟通技能的责任。其次，作为大学教师，必须肩负学术研究的责任，大学教师是社会学术研究的中坚力量，肩负着推动社会学术进步的责任。

（三）学校层面

1. 教材

教材是课程的载体。高校英语教材的选择体现着课程的教学目标、教学理念及教学方法。首先，合理的教材必须是规范的，所谓规范是指内容准确、权威可靠、结构科学。其次，教材的选择要符合学生的适应能力。就高校英语而言，如今高校之间流行的教材有很多，根据学生的水平选择难易适中的教材很重要。最后，教材的选择要符合教学目标。

2. 课程设置及考试方式

课程设置方式体现在教学方法和教学理念、学时数的设置、口语类课程与读写类课程的比例等方面，并影响着学生综合素质的提高。考试方式会严重影响学生的学习方式，重结果的考试方式往往是催生应试化的学习，重过程、重成长的考试方式往往会促进学生真正追求进步。

3. 教学条件

影响英语教学质量的教学条件主要是师资力量和硬件条件。师资是否充沛是影响教学的关键因素，师资充沛的学校有条件实现小班授课，这对语言教学来讲十分重要。硬件条件主要包括：教室数量，例如，学生是否配备专用教室；多媒体设备，例如，学生是否有设备欣赏影音资料，英语课堂上能否享受多媒体授课，是否有充足的语音室；资料储备，例如，是否有充足的影音资料和书籍储备等；网络设施，现在的英语教学离不开网络，很多教学环节是基于网络平台完成的。

4. 教学环境

环境既包括学习环境、课堂环境、学校环境，也包括社会环境。一个学校校风建设的好坏，学风建设的好坏都影响着学生的学习质量。对于外语教学而言，社会大环境是否有助于推动学科发展也影响着教学效果。在中外沟通频繁的今天，社会的发展迫使学生和学校重视外语，这是教学学科发展的良好时机。

5. 学校政策

大学外语教学摆脱不了学校政策的束缚。外语教学的展开需要学校多个部门的配合，例如，教务处、学工处、校团委等。积极的学校政策可以为外语教学的发展提供肥沃的土壤，学校政策上的倾斜包括以下三个方面。

（1）对外语类课程的重视程度

外语课时量的充足，外语选修课的开设，外语学分设置，四、六级证书与毕业证书的关联度等决定着外语教学的质量，也决定着学生对外语课程的重视程度。学分设置高，学生重视程度高；有的学校只给通过四级考试的学生颁发毕业证书，这无疑会加强学生对外语的重视，而有的专业，例如国际贸易，甚至要求学生有六级证书。这些政策的制定，都与外语教学息息相关。

（2）资金的投入

资金的投入则会影响软硬件的质量，例如，在资金投入充足的情况下，学生可以开展各类外语竞赛、外语类表演活动。还可以建设外语电台，请相关专家来讲学等。

（3）师资培训

学校对外语类师资培训的支持力度决定着外语类教师的成长。外语类教师是否能够获得足够的进修及参与学术交流会议的机会，对其职业能力的成长影响很大。理想状况下，外语类教师除了具备硕士、博士学历外，还应该有海外留学经历，只有在真实的外语环境下才能掌握真正地道的语言和文化。

第三节　高校英语教学理论和方法创新

一、20世纪主要英语的教学法回顾

英美语言理论及由此而产生的外语教学法流派，对我国高校英语教学有较大的影响，各种语言理论直接或间接地催生了不同的教学法。不同的教学法之间或是相互弥补，或是相互冲突，但都是对不同时代、不同环境下的学习者需求的一种反应。这些教学法也为以后可能出现的新方法奠定了基石，同时也是各种语言理论的检验场，让理论更加贴近实践。

不同时期出现的主要教学法梳理如下。

（一）语法翻译法

语法翻译法的历史十分悠久，自中世纪开始便得到兴起和发展。当时拉丁语在欧洲的文化教育——著书立说中的地位很高，为了培养大量拉丁语人才，就采用了这种最直接、最容易为非母语者接受的方法。

（二）直接法

直接法是指通过外语本身进行会话、交谈和阅读教学，没有学习者母语的参与，不使用翻译和形式语法。主要是依据母语习得，或者幼儿学习母语的自然过程和规律，采用最直接的手段平移到第二外语的习得方面，从而达到提高学习者交际能力的目的。

（三）听说法

听说法以刺激和反应作为心理学基础，认为语言学习就是教师对学习者进行语言刺

激，学习者对该刺激进行反应。听说法特别强调听说，主张先大量地听，然后再用口说，辅以大量的口头操练，最终达到对语言材料的自动运用。

（四）情境法

情境法是指为了激发学习者的学习情感、兴趣，增强对语言真实交流本质的认识，教师以在教学环节中有目的地引入或者创造具有特定情绪色彩为主体，以此反映一定现实交流情境的场景，使学习者置身其中，充分感受和认识所学语言的一种学习方法。

（五）认知法

认知法产生于20世纪60年代。认知法试图用认知符号学习理论来代替刺激—反应学习理论，借助认知心理学的成就，加强学习者的语言创造性和培养学习者语言抽象认知的能力。强调人能够进行感知、记忆、分析、综合、判断、推理等一系列智能活动，强调语法理论知识的重要性，主张教学目的应该听、说、读和写齐头并进。教学内容上重视语言知识和语法规则，但反对死记硬背，要在实践操练中学习。教学方法首先强调认知、理解，经过操练，达到能用的目的。其不足主要是认知法的理论基础并不完善，缺乏与该方法配套的教材，并且听说读写齐头并进式的方法，会对初学者造成很大的学习负担和压力，从而忽略了认知过程的科学性。

（六）交际法

交际法诞生于20世纪70年代，因使用的语言种类增多，各个组织需要大量的翻译人才。

（七）任务型教学法

任务型教学法主要是指教师通过语言引导学习者完成相关的任务，从而实现“做中学”的目的，不是为了单纯地让学生学习语言结构和语言知识，而是使学习者在完成任务的过程中深刻地体会语言，认识语言的特点，最终掌握该种语言。

（八）自主学习模式

自主学习始于20世纪80年代初，进入90年代，外语教学的研究重心就从“教学法”转向了“学习过程”，就是从对教的研究转向了对学的研究。在这一宗旨的指导下，涌现出了一系列全新的高校英语教学模式，其中最具特色的是自主学习模式。语言自主学习中心的出现，对传统外语教学模式产生了巨大的冲击，在某种程度上可以说是一场语言学习的革命。

（九）沉默教学法

沉默教学法的理论基础是结构主义。该方法提倡在教学过程中，教师扮演辅助角色，尽量少说话，学生起主导作用，要尽量多说、多参与。

经过一个世纪的探索与实践，人们对语言学习及语言教学都有了新的认识，语言教学中的方法运动，即寻求最好方法，已经成为过去，语言教学已进入后方法时代。

事实上，后方法时代是对最佳方法否定的时代，是对寻求最佳教学法反思的时代。它给中国外语教学最重要的启示在于——没有一种教学法能解决外语教学中存在的所有问题。各种教学法的出现和发展都与其所处的时代背景的特定需求，或者相关理论的产生与发展有着密切联系。每种教学法都有其特点，有优点也有缺点，这些在实践的过程中都能被使用者及时地掌握，并且为后来教学法的出现和发展提供了极大的启发。需要注意的是，新的教学法的出现不是要推翻和否定之前的教学法。每种方法在特定的环境，或者特定的教学阶段都能找到适合的位置，都曾经或正在起着积极的作用，因此外语教师需要博采众长，深入理解学习者所处的学习阶段和需求，有机地整合各种教学法，从而发挥出最大的效力。在应用各种引进的教学法和教学流派时，必须保持清醒的头脑，充分考虑在中国的各种适应性因素，绝不可以盲目照搬，人云亦云。

二、国内英语教学法研究综述

从20世纪80年代末开始，社会经济环境对外语人才的需求不断升温。在这种条件下，外语教学法也需要不断升级、发展、借鉴，从而达到培养专门人才的目的。社会需求的外语人才不再拘泥于擅长读写，还要有更高层次的要求，听说能力更是得到了重视，特别是服务于某一领域的外语专业人才更是炙手可热。单纯的某一种教学法要想满足复杂的社会需求，已经显得力不从心了。而且之前过于盲目、直接地使用或者迷信某一种教学法，已经跟不上时代的脚步，无法培养出既定人才，并且某些教学法过于机械的特点，不利于学生兴趣和实际能力的培养，所以研究者提出，现代教学法应该更多地走向自主，结合我国的实际需求，并且要很好地借鉴相关学科，如心理学、社会学等的新发展、新贡献，从而形成自己的特色。

三、教学法选择和运用的理论依据

在教学活动中，教学法的选择和运用取决于多个方面的关键制约因素：一是客观需求，主要是国情和社会所决定的特定需求，体现在教学过程中就是教学目的和培养目标。特定教学法的选择，就是指依据这些需求，目的不同，教学法也就不同。二是硬件的发展程度，客观条件的不同发展情况，决定了哪些教学法可以充分发挥效力。三是理论前沿与国际接轨程度，相关理论的发展会拓宽教学理论的宽度，而对国际前沿的把握，可以使我国的教学理论和实际教学效果得以提升。

这些因素的存在，使得研究者不得不结合社会的客观情况，深入地分析、广泛地参考、积极地获取教师和学习者的反馈，从而制定出反映我国当前发展需求的客观合理的教学目标和兼容并创的教学方法。但是实际的教学成果依然和目标存在差异，这种差异不能简单地理解为我们的硬件不先进、我们的理论不现代，它是多种因素造成的结果。其中，学习者根深蒂固的学习习惯、以教师为中心的教学特点、注重书面而忽略应用的考核方式，都在一定程度上限制了既定目标的实现。我们在这方面的探索还亟待加深，深刻领悟我们自身的特点，不好的改正，好的发扬，使教与学自然融洽地共存，尽快探索出我们自己的行之有效的教学方法。

四、近年来国内高校英语教学理论和方法创新实践成果综述

外语教学法是一个不断变化发展的动态过程，每一种方法都有其优缺点，在选择时要“博采众家之长，避各家之短”，贯彻“百花齐放，百家争鸣”的方针和“古为今用，洋为中用”的原则，结合我国自身的发展阶段和学习者固有的学习模式，充分发挥多种教学法的互补性，大胆突破，积极创新，才能取得较好的教学成果，推动外语教学的发展。

近 30 年来，中国的高校英语教学已不再是完全照搬国外的教学法，越来越多的高校英语教师开始在教学中把国外的教学法和自己的教学实践相结合，并在实践中对国外的教学法加以改进。还有一些教师在教学中创造出自己独特的教学方法或教学模式。

多媒体运用是英语教学研究的一个新兴主题，这一方法在我国也得到了较快的发展，这是中国教学工作者和理论研究者越来越重视外语教学的实际效果而推动的新举措。多媒体的使用必然会为学习者创造更加真实的学习环境。另外，多媒体材料的丰富，也会刺激学生学习兴趣的提高。

多媒体带来的正面影响是巨大的，但是也应该看到相关配套的材料还未能跟上，如多

媒体网络学习环境的滞后、教师的培训滞后、相关的语言材料的开发滞后等，在一定程度上限制了多媒体的优势。

此外，在外语教学研究重心从“教学法”转向“学习过程”、从对教的研究转向对学的研究的新形势影响下，国内涌现出一系列全新的高校英语教学模式。

总之，社会在进步，教育学、心理学、语言学、哲学等学科随之前进和发展，外语教学法作为一门学科也在不断地向前进步。中国特色，不单要在国家事务中有所体现，更应该在外语教学中体现出来。如何将“中国特色”运用到研究和教学中来，将成为创新的独到之处。

因此，我们现在要做的就是“博采众长”，不是无原则地拼凑，而是优化选择，是有总体原则可依的因时、因地、因人制宜的择优。通过吸收各种教学法和教学模式的精华，然后因材施教，对于不同层次的学习者采取不同的教学方法。

第三章　高校英语任务型教学法

第一节　高校英语任务型教学法的实施

任务型教学法是一种与现阶段新课程标准的理念相匹配的教学方式。通过任务型教学，学生的英语学习会得到全面发展。

一、任务型教学法实施的原则

在大学英语教学中使用任务型教学法需要遵循一定的原则。

（一）教学理念原则

通常意义上，每一种英语教学的途径和方法都具有自己的教学原则，但是任务型教学法并没有学术界公认的教学原则。不同的学者从不同的角度提出了相关教学原则、教学理念和教学特点的看法。

虽然不同的学者所持的观点不一，但是对这些观点进行总结和归纳可以发现其中的一些规律，进而能够归纳出任务型语言教学的一般原则。

1. 真实性原则

对于真实性原则，不同的学者从不同的角度给予过不同的描述。这里所说的真实性可以指语言与情境的真实性，或者文本的真实性，也即在实际生活中的真实交际时人们使用语言的情况。可以说，一切为了语言教学目的而编写的教材中的语言都是不真实的。因为在真实交际时人们往往会说出不完整的句子，会犹豫、停顿、重复、思考，甚至说出语法上不正确的句子。

需要指出的是，对于教材中的材料并不是要完全弃之不用，也不是要求教材中所出现的语言材料一定要和生活中的语言完全贴合。重视任务材料的真实性指的是教师需要在教学过程中，为学生创设真实的语言场景。使学生能够感受到真实的文本和学习材料。具体来讲，真实性原则主要包括以下两个方面。

（1）学习任务的设计要为学生提供明确、真实的语言信息，使学生能在一种自然、真实或模拟真实的情境中体会语言、掌握语言的应用。

（2）教师所用的语言材料应尽可能真实，并与学生的实际生活与社区生活结合起来。

此外，任务型语言之所以要坚持真实性原则，还与文化有关。语言是文化的载体，从某种意义上说，学习一种语言就是学习另一种文化，这就是我们在英语教学中特别强调培养文化意识的原因。而引进真实文本的意义在于其能使学生直接接触到目的语文化，从而获得对目的语的真实体验，促进学生以接近母语者的方式使用新习得的语言，参与有意义的交际，而不是展示自己的语法或词汇知识，这样才算是达到了语言教学的根本目的。

2. 过程性原则

传统的英语课堂教学往往一味地将学生的注意力引向语言，忽视学习过程，这样的课堂势必是以结果为取向的。即以教材和教师为中心，用灌输的方式直接呈现、讲解语言规则系统，学生只知道“可以这样做”或“应该这样做”，却不清楚“为什么可以这样做”或“为什么应该这样做”。

任务型语言教学强调，语言规则属程序性知识，它只关注遣词造句、语法规范，而学习语言的最终目的是运用到实际生活中，做到学以致用。此外，交际是一个过程，交际能力的获得也是一个过程，它以具备方方面面的知识技能为前提，但这些知识技能能否相互转化发展为交际能力，在很大程度上取决于学习者是否具备过程能力。

任务型教学重视将学生注意力吸引到学习过程上来，帮助学生培养过程能力。这就决定了任务型教学要以任务组织和活动为教学内容，重视学生积极的认知参与及其对学习内容的主观感受与情感体验。创造接近真实的语言环境，由学习者在完成任务中探索、归纳，从中发现并运用规则，在用目的语同他人的交流协商过程中感悟语言、内化语言，最终学会交际。

3. 互动性原则

语言学习本身的最终目的是要学会用语言交际，互动性是交际的核心。互动性指两人或两人以上相互交流思想、情感或想法的活动，其结果是交流的各方从中受益。

互动性的重要作用集中体现在能够促进语言自动性的生成，这是二语习得研究者从探究儿童语言习得过程中获得的启发。儿童往往能较快地从对一个个语言项目的仔细关注、逐一加工转换为一种快速自动加工方式，对语言形式的关注则是次要的和随意的。与之相比，成人语言学习者的这一转换往往来得缓慢，因为他们长期徘徊于分析型、控制型模式，关注琐碎的语言项目。

有效的语言学习涉及从对少量语言形式的控制及时地过渡到对相对无限的语言形式的自动加工，而互动被认为是促进这种自动性形成的最有效途径。在互动中，学生可以把注意力放在意义的表达和信息的理解上，而不再是语法或其他语言形式。这样，学生便从语言控制中解脱出来，将其拥有的语言全部用于（类似）真实生活的交际，进行真实意义的表达。此外，学生在互动中可以学会在各种情形下使用不同语言表达的方法和技能。例如，如何开始一个对话，怎样结束一个对话；学会在与别人对话时如何适时地停顿，如何转换话题以达到表达自己意思的目的，如何客气地打断别人的谈话而又不至于引起别人的反感等。

4. 互助共赢原则

（1）教师的角度

对师生之间而言，教师是以合作者的身份对学生进行帮助与扶持的，这种帮助与扶持又涉及认知需求与情感状态两个方面。

从认知的角度来看，教师应当启发学生已有的背景知识和语言资源，帮助学生完成学习任务。在这个学习过程中，学生可以与教师或同学“共同构建”要说的话和要完成的任务。

从情感的角度来看，任务型语言教学倡导小组活动、合作学习。合作学习可以维持学生足够的兴趣，并在解决问题时控制学习产生的挫折感等。

（2）学生的角度

对于学生之间而言，他们相互之间可以进行支持、协助与合作。这里主要涉及学生个人经历对学习的促进作用。这就是说，每一个学生在进入课堂进行学习之前都有一定的知识储备，他们对知识的学习并不是简单的套用，而是在其原有的知识结构、经验背景的基础上，经过新旧经验双向交互作用建构起对知识意义的理解。

①学生通过特定任务的情境，在用目的语完成任务的过程中加深对目的语系统的体悟与理解。

②学生之间不同的知识结构与经验背景可以在互动中交流与共享，从而促进共同学习。

5. 任务相关性原则

任务相关性原则体现了学用结合、学以致用的理念，试图将语言教学课堂社会化。

（1）课内语言学习和运用的相关性

课堂语言学习和课内语言运用是紧密相关的，甚至可以说课堂语言学习的最终目的就是课内语言的运用。将课堂学习与课外运用紧密联系主要有以下两个好处。

①可以缩小课堂与社会的距离，把学生作为社会上的人。通过学习促进学生的社会化。

②能够有效激发学习者的内在动机。相关学习理论研究表明，内在动机更能促使学生积极投入学习当中。当学生发现所学内容与他们的实际生活紧密联系，可以马上用于应对生活中的交际问题时，他们的学习兴趣和积极性将被充分调动起来。因此，其学习效果会得到显著提高。

（2）学习任务设计中各环节的相关性

在进行学习任务的设计时，需要教师对教学目的、教学任务、教学内容、学生情况等进行综合分析。教师在涉及学习单元任务时应注意由易到难，由简到繁，层层深入，形成由初级任务向高级任务以及高级任务涵盖初级任务的循环，保证教学阶梯式地层层递进。

此时，学习任务犹如阶梯，相互依存，逐步升级，而学生的语言能力则通过每一项任务逐步得到发展。此外，任务的设计不仅要由易到难，还应从接受性任务向表达性任务过渡。例如，听和读的任务可先于写和说的任务，或先让学生模仿录音或教师的语言，再让学生将以前学习过并熟悉的语言与现时学习的语言重新组织，创造出新的组合。

6. 形式与意义相结合原则

很多学者都对语言的形式与意义进行了阐述。如果仅仅让学生做任务，即使这些任务可以引起学生的积极性也是不够的。而如果学生只完成任务而没有注意语言形式的机会，那么虽然学生可能完成一些任务，但这些任务可能没有重点。而且如果只考虑交际和完成任务一个目的，学生可能会全靠交际策略和单个的词语达到交际目的，而不去注意语法结构了。所以注意语言形式是任务型语言教学的主要原则之一，语言的意义与形式是学习的基础。

（二）课堂教学原则

以上所说的几项原则可以说是从任务型语言教学的理念方面来阐述的，是整体性的原则。

1. 鼓励学生尝试

学生学习上的尝试，主要是指鼓励学生不要怕犯语言的错误，大胆使用中介语言，敢于尝试使用没有把握的用法，表达自己的想法。

教师要对此持一种宽容的态度，允许学生犯错误，这样才有助于学生语言的发展。而学生也要积极看待自己的错误，将其看成是语言学习过程中正常的一部分。学生自己应该明白，每个人都会出错，即使冒险犯些错误也比什么都不说强，只要把想表达的信息传递清楚就算是成功。语言学习中难免会遇到语言错误，教师应该鼓励学生多说、多用，学生也要勇敢地尝试，从而提高自己的英语习得能力。

2. 明确设置目标

在任务型语言教学中，教师应该确保每一节课都有明确的目标，然后重点发展目标方面的能力，而对于其中的语言用法，教师也应有明确的计划。

在英语教学实践中，有些教师虽然在课堂教学中组织了各种各样的任务活动，却看不出每一项任务到底要达到什么目的，而教师对于学生实际做了什么似乎也不感兴趣。这就表明教师没有真正明确课堂教学的能力目标，只是为了讲授完某个语法项目而设计教学活动。实际上，教师应以培养学生学会做什么为目的，即完成任务为目标。

明确的教学目标是教师教学的方向，同时也是学生学习的指南，这一点在任务型教学中尤其重要，需要引起教师的注意。

3. 学生积极参与

任务型语言教学的一个主要目标是为学生提供机会，使学生能够积极且完全参与课堂发问与应答的相关教学活动。

实现学生“积极”的一个主要因素就是当有交际的问题出现时需要进行协商与协作，而这往往是通过小组活动实现的，小组和结对练习是任务型语言活动的主要方式。

4. 确保任务难度

设置任务难度的水平不仅涉及教材的设计，也关系到教师自己设计和选择适合学生当前水平的任务。例如，任务前阶段应当有适当的铺垫，以便学生能完成后面的任务。教师应进行一定的引领和指导，包括介绍相应的学习策略等。

此外，教师应根据学生的水平调整任务的难度。从我国英语教学的实践来看，还应该把背景知识作为考虑任务难度的一个重要方面。

5. 关注语言意义

在语言交际中，意义是第一位的。教学任务的目的是给学生提供一个交际地处理语言的语境，也就是把语言作为交流的工具。因此，学生完成任务的主要目的是有一个成果，而不是展示语言本身。换句话说，学生在完成任务的过程中不是为了达到语言上的正确表达，而是为了达到一个交际的目的。这种对语言意义的关注超出了课堂语言练习的范畴，而是以语言交际为目的的。

6. 提供关注机会

在任务型英语教学中，几乎所有任务型语言教学的倡导者都强调语言形式的重要性，强调在课堂上学生要有关注语言形式的机会。

进一步说，在课堂教学的每一个阶段，都可以使学生关注语言的形式。也就是说，任务型语言教学同样强调语法教学的重要性。

（三）教学过程原则

在任务型教学法实施的过程中，需要遵循一些教学过程中的原则。

1. 趣味性原则

任何教学的实施都需要遵循趣味性原则，这一原则在任务型教学过程中尤其重要。

任务型教学法的优点之一是能够通过生动有趣的课堂活动调动学生学习的积极性和动机性，使学生能够积极主动地参与课堂学习。因此，在任务型教学过程中遵循趣味性原则十分有必要。

在语言学习的过程中，如果机械地对语言任务进行教学，会使学生失去对任务的兴趣，甚至会产生对语言学习的抵抗心理。而任务型教学要求教学形式多样化、趣味化，这种教学氛围的形成受到很多因素的影响，如学生的参与、师生的交流和互动、任务中的人际交往、师生情感的交流、学生对任务解决后成就感的建立等。

2. 合作性原则

学生由于生活背景、学习背景等的不同，对事物的认知也不尽相同。在任务型教学中，需要对学生的这一特点进行利用和发挥。由于这种认知差异性的存在，在英语任务型教学中可以根据合作性原则，采用小组合作的方式进行学习。

这种学习方式能够保证学生交流的多样化，同时还能在学习中整合记忆不同的学习观点，从而避免了学生对事物理解的片面性。在合作性原则的指导下，学生的思维方式和知识智慧得到了共享和传播，这对学生思维的拓展有着积极的促进作用。

在小组合作中，学生需要对自己的观点进行总结和陈述，这是对学生交际能力的挑战，因此学生的人际交流和语言表达能力也能得到锻炼。同时，在学习过程中学生不仅需要表达自己的观点，还需要对别人的观点进行理解，这可以培养学生的接受能力和包容理解能力。

需要指出的是，小组合作形式的开展离不开语言的交际与交流，其本身就是一种语言的实践活动。在任务型教学过程中，遵循这样的原则十分有必要。

3. 挑战性原则

任务型教学法要求学生对任务进行解决，因此在设计教学任务时以及教学过程中，教师需要对任务的难度进行把握。这要求教师需要遵循挑战性原则。

过于简单的任务，不能使学生产生问题解决后的成就感，同时很容易使学生丧失学习的兴趣，在心理上产生一种骄傲的心理，甚至产生一种高傲自负的学习态度；过于困难的任务又会使学生丧失学习的积极性，打击学生的自信心，使学生产生畏难情绪。因此学习任务的难度需要根据学生的实际情况，在学生正常英语水平的前提下适当增加任务的难度，从而使任务具有一定的挑战性。

具有挑战性的任务能够增加学生学习的积极性，刺激学生主观能动性的发挥，从而以一种主动昂扬的状态完成任务。具有挑战性任务的完成能够培养学生的自信心，使学生产生一种学习上的满足感、自豪感。在这种任务型教学的过程中，学生学习的兴趣和积极性会得到不断的提高和发展。

4. 连贯性原则

教学过程中连贯性原则指的是学习任务之间的关系，以及教师教学过程中的实施步骤和顺序。换言之，就是教师如何保证在任务实施过程中达到教学上和逻辑上的连贯与流畅。

任务型教学并不是在一节课安排一两个活动，也不是一系列毫无关系的任务的简单堆积。任务型教学法主要依靠一系列具有关联性任务的设计来使学生在完成的过程中达到教学目的。教学目的的达成与任务中相互关联的各个子任务之间具有的密切联系是分不开的，这些任务之间相互衔接，并循序渐进地完成最终的教学任务。

5. 文化性原则

语言是对文化的反映，因此承载着文化的方方面面。语言的学习不仅仅包括对该语言的语音、语用等相关知识的学习，还包括对相应文化的学习。任务型教学法在高校英语教学中的实施与应用实质上就是对一种文化的学习过程，不同的文化环境会对语言产生影响，文化的差异在语言中表现得尤为突出。文化背景的不同使得交际中经常出现这样或那样的错误。例如，在中国，初次见面时长辈可能会问及晚辈的个人情况，如年龄、职业、家庭成员以及婚姻状况等，长辈询问这些内容只是为了表达自己对晚辈的关心。这种语言使用习惯在中国很常见，但是在西方这种行为是极其不礼貌的。中西方文化的差异性导致其语言使用具有很多不同，因此在任务型教学过程中，向学生讲解这种文化差异性就十分有必要。学生只有对文化背景下的语言进行了解和掌握，才有可能使用地道的英语进行表达和交际。可以说，只学习语言不学习文化就不是真正的英语学习。

因此，在任务型教学设计过程中应该将文化因素考虑在内，使学生在任务型教学活动中能够了解英语国家的文化习俗、民族习惯、思维观念等。任务型教学设计中加入文化因素可以培养学生的跨文化意识，使学生在英语学习过程中增强文化学习的意识，进而提高英语学习效率。

6. 语境性原则

语言的使用是在一定的环境中进行的，语言学习也必须在语境中进行。脱离了语境的语言学习难以转化为实际的语言能力。在任务型教学过程中也需要按照语境性原则的要求进行英语教学。

语言具有社会属性，这种社会属性是维系社会关系的一种纽带。人们在交流过程中使用什么样的措辞都会受到说话语境、双方的身份等因素的制约。因此，任务型教学设计也应将语境考虑在内，为学生提供真实的语境，使学生在真实的语境中体验实践。在真实语境中进行的活动能够促使学习者通过“同化”和“顺化”，达到语言意义的主动建构。

7. 主体性原则

在我国，英语教学的改革不断深入和发展，师生在教学中的地位也在不断进行调整。现阶段的英语教学要求以学生为学习的主体，因此在任务型教学过程中需要遵循学生主体性原则。

以学生为中心是相对以教师为中心的一种教学模式。以学生为中心原则是以学生为出发点，从学生的角度出发，站在学生的立场考虑问题。任务型教学法的教学设计必须遵循学生主体性原则，这个原则主要体现在以下几个方面。

（1）任务设计中学生的主体性

在任务教学设计时应该考虑学生学习的主体性，这一教学设计原则有助于激发学生的学习热情，利于其主观能动性的发挥。

学生主体性原则实现了学生在教学中的主体地位，学生的主观能动性可以有效刺激学生的语言创造力。知识的学习受到很多因素的影响，这些因素有来自外界的，有来自自身的。只有来自自身的因素才会对学习产生质的影响，学生自己对所学的知识感兴趣是知识学习的决定性因素，决定着语言学习的效果。任务型教学法的教学设计遵循学生主体性原则，提高了学生学习的积极性，而积极的学习态度是知识学习的关键。任务的设计是教学顺利开展以及保证教学效果的开端，因此需要教师结合具体学习实际进行考虑。

（2）教学过程中学生的主体性

在任务型教学的过程中需要对学生的主体性进行关注，这就是说教师应该从学生的角度进行教学，做到“想学习者之所想，及学习者之所及”。

英语学习的目的是进行交际，因此教师教学应该考虑到语言学习的目的，从学生的角度进行思考。例如，教学中如果教授生硬的语言知识，不仅不能增加学生的语用能力，还会使学生产生一种对英语学习的厌烦感和抵触感。

针对学生不同的年龄特点和学习背景，对学生的认知能力进行考虑。对学生在学习中的主体性进行关注才是任务型教学法教学质量提高的保证条件之一。

（3）任务完成中学生的主体性

任务的完成需要学生积极地参与，因此在任务完成中也需要对学生的主体性进行考虑。

任务的完成需要学生充分发挥自己的主体地位。对多种任务完成的因素进行考虑，如同学间的交际、师生间的交流等。任务成功与否在很大程度上受到学生语言能力的影响，而学生语言运用能力的提高是任务教学的首要目的。因此，可以说任务的完成可以积极促进学生语言目标的达成，而学生完成任务时的主体性又起着积极的影响作用。

二、任务型教学法实施的步骤

（一）任务前阶段

任务前阶段包括两个小阶段，即任务准备阶段和任务呈现阶段。任务前阶段的目的主要有两个：一是为了激活学生已有的知识资源，帮助学生重构语言系统与思维方式；二是为了使学生具备完成任务所需要的语言知识和文化知识，减轻在下一阶段完成任务时的认知压力，从而使学生真正成为主动学习者。

1. 任务的准备

任务的准备主要涉及两个方面的内容。

（1）作为任务参与主体的学习者所需获取、处理或表达的信息内容。

（2）作为任务参与主体的学习者获取、处理或表达这些内容所需的语言知识、技能或能力。

在任务准备阶段，还应特别注意两个问题，即语言输入的真实性和任务的难度。任务的真实性指在任务教学中所采用的语言教学材料所具有的自然的口头语言和书面语言品质的程度。在课堂教学的环境下，教师的教学材料既要有语言交际中使用的语言真实性，同时还应具有课程标准指导下的仿制自然交际真实性的特点，这两大特点共同构成了英语课堂环境的语言输入。

2. 任务的呈现

任务的呈现是指教师在学习新语言之前向学生展示需要学生利用新的语言知识来完成的任务，也就是对于任务的介绍。此时，教师应当结合学生的生活或学习经验创设有主题的情境，以此激发学生的好奇心和学习动机。在这一阶段，教师要做的是为学生提供与话题有关的环境以及思维方向，并在所要学习的新知识与学生已有的旧知识结构之间建立某种联系，调动起学生的求知欲，使学生有想说的强烈欲望，满怀兴奋和期待地开始新知识的学习。在这一环节中，教师需要遵循先输入后输出的原则，也就是说，在激活了学生完成任务所必需的语言知识和语言技能后再导入任务，这样不仅可以促进学生学习的顺利进行，还可以为下一阶段教学的开展奠定基础。

（二）任务中阶段

任务中阶段也就是任务的实施阶段。这个阶段也是学生语言技能的主要习得阶段。在这一阶段中任务的选择极为关键，任务的难度对学生的语言习得水平也具有极大的影响。任务的难度过高或过低都不利于学生的学习，因此教师要合理选择任务的难度。在教学中出现任务难度过高或者过低的现象很常见，但是教师可以采取一定的措施进行补救。例如，当任务难度过高时，可以利用图表、图像等直观的手段降低任务的难度，除此之外，教师也可以为学生提供一定的讲解以降低难度；当任务难度过低时，教师可以在简单的任务后面添加其他学习内容或设计更多具有思维挑战性和判断性的任务。

学生完成任务的形式可以有很多种，如结对子、小组形式、自由组合等，也可以由教师设计许多小任务构成任务链。任务型教学法中小组活动是比较常见的一种活动方式。在进行小组活动时，要有明确的个人任务与小组任务。要对学生和教师的角色进行适当的转换。当然，教师要对小组活动进行宏观指导，以使教学活动顺利开展。此外，为了鼓励学生，教师也可以参与到学生的小组活动中，这样不仅可以拉近教师与学生之间的距离，还可以在一定程度上缓解学生完成任务时的紧张心理。教师在小组中还可以及时地对学生实施任务的情况进行监督、指导，了解学生掌握新知识的程度，并根据具体的情况随时对教学策略实施调整，以保证任务完成的质量。

（三）任务后阶段

任务后阶段主要涉及任务的汇报和评价。学生在完成任务后可以派出代表向全班报告任务完成情况，代表既可以由教师指定，也可以由小组推选，两种方式各有优点。学生汇报任务时，教师还应对学生进行指导和帮助，促使学生顺利完成汇报。

在各个小组任务汇报完毕后，教师应当与全班一起对任务做出评价，指出各组的优点和不足，并评出最佳小组，让学生在完成任务之后品尝到成功的喜悦，同时认识到自己的不足，并在以后的学习中逐渐克服。在评价过程中，教师不仅要对任务的结果进行评价，还要让学生之间开展互评，这样有助于提高学生正确、理智地评价自己和他人的能力。对于完成情况好的小组，要给予精神鼓励或适当的奖励。

总之，任务后阶段的意义在于为学生提供一个对任务整个实施过程进行回想和总结的机会，促进学生形成积极反思的习惯，并使学生进一步关注语言的形式。

三、任务型教学法实施的路径

（一）以教学大纲为指导

任务型教学要以教学大纲作为教学指导。语言教学包括语言观、学习观、语言教学观和语言教学环境四个重要的概念。在使用任务型教学法的过程中，教师应该根据具体的语言教学观，按照当今教学大纲的理念不断完善和发展自己的教学理念，进而用这种完善的教学理念去指导教学实践。

（二）以教学原则为依托

在任务型教学实践中需要以教学原则为依托，教师不能随意根据心情进行教学。总而言之，设计的任务活动要突出趣味性、可操作性、科学性、交际性、拓展性、真实性、整体性和层次性，有利于培养学生的创造性思维，有利于学生用英语解决实际问题，有利于提高学生综合运用语言的能力。

（三）以学生认知为标准

要求教师在任务型教学实践中以学生的认知为标准。需要提及的一点是，以学生为中心，并不是将课堂时间完全交给学生处理，而是要合理分配课堂时间，对学生的学习特点进行关注，对学生的学习过程进行观察，对学生的学习心理进行分析，对学生的学习思维进行了解。因此实施任务型教学法应该对学生进行关注，用个性化的教学方式指导语言教学。同时，教师在学生完成任务的过程中还需要对学生的学习模式和学习特点进行观察，找出学生学习上的不足，进而加以指导。

（四）以任务型教材为根据

众所周知，教学理念的实现需要相应的教材作为依托，任务型教学法也是如此。任务型语言教学的教材应该具有以下几个特点。

1. 教材的设计要以任务为核心

任务型教学就是“在做事情过程中自然地使用所学语言，在使用所学语言做事情的过程中发展语言能力”。因此，任务型教材不应该直接地呈现各种语言知识和素材，而应该设计各种不同的任务来提高学生的英语习得水平。

2. 任务型教材中出现的语言材料应力求真实

所谓真实性的材料指的是生活中经常出现的语言素材，如报纸、杂志、广告、公告、通知、产品说明书、操作指令、书信等。需要注意的是，这些真实性的材料是用于公众的交际等目的，并不是专门为了教材的编写而设计的。为了教材而专门设计的语言材料往往会丧失其真实性。

3. 教材中要突出真实的交际目的

根据任务型语言教学思想编写的教材无论使用何种类型的任务，都要突出其交际的真实性。所谓交际的真实性，就是指学生完成的交际活动具有真实的交际需求、真实的交际语境、真实的交际对象。

（五）利用课外教学进行任务教学

在使用任务型教学法进行英语教学时，教师不能仅仅将课堂作为任务完成的场所，而应该开放思维，将教学任务延伸到课堂教学之外的生活中。这就是说，教师应该充分利用课外教学辅助任务教学。需要注意的是，利用课外教学进行任务教学并不是将学生的学习时间延长，而是要教会学生在日常生活中运用所学知识，进而达到知识的巩固和进步。利用课外教学可以通过以下两种方式进行。

1. 布置一些学生感兴趣的课外作业进行任务的延伸

学生的课外教学应该是丰富多彩、充满兴趣的，因此教师可以设计一些能调动学生兴趣的课外活动和作业让学生在课下完成。通过课外教学，学生学习的主动性和积极性会得到提高，同时学生独立完成任务的能力也会得到锻炼。

2. 开展多样的课外活动作为任务的延伸

在课外活动中，学生可以摆脱课堂上的束缚，从而产生无穷的乐趣。而且通过课外活动学生的学习热情也会被激发，课外活动中的任务能够对学生的知识进行巩固。学生的课外活动可以通过下列三种方式进行。

（1）英语比赛活动

在大学的不同阶段，教师可以组织学生展开丰富多彩的英语竞赛活动，如英语单词竞赛、英语作文竞赛等。

（2）英语表演活动

英语表演活动的开展对学生的语言表现、团队协作等都有着重要的影响。通过英语表演活动，学生可以在一种互帮互助的环境下进行语言的学习，这是一种深受学生喜爱的活动。

（3）开办英语角

英语角的开办能够为英语学习爱好者提供一个互相学习的基地，使学生能够乐于用英语表达和沟通。

（六）利用多媒体技术进行任务教学

在任务型教学中，还可以利用多媒体技术进行教学。多媒体技术的发展为任务型教学提供了理想的教学环境，通过多媒体技术，学生实现了网络上的互联，也有利于学生之间的合作和互助，对增进学生之间的友谊有很大帮助。

（七）利用思维教学模式进行任务教学

在任务型教学中，任务的完成需要学生进行积极的思考，因此对学生的思维而言是一个较大的挑战。任务型教学中学习主体地位落实的主要标志也在于学生是否在课堂上进行了积极的思维活动。同时，教师任务完成的重要标志也在于教师能够在课堂上激发学生的思维，使学生能积极思考。因此，利用思维模式进行任务教学十分有必要。

在思维教学模式中教师的作用十分重大。教师可以通过下列三种思路激发学生的思维。

（1）建构主义理论认为，知识不是通过教师传授得到，而是学习者在一定的情境即社会文化背景下借助其他人的帮助，利用必要的学习资料，通过意义建构的方式而获得的。有学者指出：学习的质量是学习者建构意义的函数，而不是学习者重现教师思维过程的函数。因此，在利用思维教学模式辅助任务型教学中，教师应该对学生的思维进行有意识的培养，充分调动学生思维上的主动性和积极性。同时教师还要注意对学生思维上的引导，使学生能够积极主动地去获取知识。

（2）由于学生个体上的差异性，在思维模式上也存在着不同。学生思维水平的不同，要求学生能够在任务完成过程中形成一种积极互动的模式，利用不同的思维特点共同完成任务。正是由于思维的不同，任务的完成才不会千篇一律，学生的主动性才能得到最大限度的发挥，思维也会在这个过程中得到激发和发展。

（3）在任务型教学中，学生的语言表达能够促进其思维的发展，在具体的教学中教师应该鼓励学生多表达。通过具体的沟通和表达，学生的语言能力、思维能力以及和同学之间的沟通能力都会得到提高和发展。语言水平提高、思维得到锻炼，对任务的完成十分有帮助。

（八）利用发展性教学策略进行任务教学

1. 发展性教学的研究

在任务教学实施中，使用发展性教学能够有效地促进教学过程的开展和完成。20 世纪二三十年代一些学者开创了发展性教学，并进行了一些研究。

在任务型教学实践中应用发展性教学策略，主要是由发展性教学策略的特点决定的。发展性教学主张以个体学生的全面发展为本，希望能激发学生的学习潜力，尊重学生的个体差异性，力求使学生在和谐的发展中增加自己的自信心。发展性教学的这些特点能够弥补任务型教学的不足，进一步优化任务型教学。但需要指出的一点是，对发展性教学策略的具体运用要结合具体的文化背景和教学条件。

2. 发展性教学在任务型教学中的策略

（1）主体参与性策略

在发展性教学策略系统中，主体参与是其首要策略，这个策略的目标是帮助学生完成知识的构造，使学生能够灵活多样、深刻扎实地掌握语言知识，同时在积极的参与中其主体意识也会得到增强，自省意识和自我调控能力也会不断提高。通过学生的主体参与，其在语言学习中的积极性会得到激发。

若想学生积极主动地参与到任务型教学中，需要教师不断努力。教师应该营造一种宽松、民主的气氛，使学生愿意参与；创设出任务需要的情景，引起学生兴趣；对任务进行讲解，从而使学生明白任务的目的和目标；注意不同类型和不同水平学生的思维特点和学习模式，最大限度地满足不同学生的需求。

（2）尊重个性化策略

在传统的教学模式中，注重的是对整体教学目标的实现，而忽视了个别同学的学习特点。在发展型教学策略中，对学生的差异性有了重点关注。这种关注主要体现在以下两个方面。

①尊重学生在发展过程中存在的差异，从学生本身的学习水平和学习特点出发，追求在此水平上的发展，这点和传统意义上的均衡发展有很大的不同。

②尊重学生发展过程中的个性。这点要求教师多观察学生，了解学生在学习过程中的不同点，尽量激发学生的学习潜能，使这种个性能够得到最大限度的发挥。

尊重学生的个性化策略，对个体的关注度高，这种关注贯穿在任务的整个过程中，任务前需要教师了解学生的学习特点，设计不同的学习任务；任务中对学生的学习表现进行观察，了解学生对任务的掌握度；任务后教师不能采取“一刀切”的政策，只关注学生的任务结果，而应该在综合考虑学生水平的基础上评定学生的任务完成情况。

（3）成功刺激的策略

在学习过程中，每个学生都渴望成功，因此在发展性教学策略中可以适当使用成功刺激策略，使学生增加对学习的兴趣，提高自己学习上的自信心，同时还能优化学生的学习意识，树立正确的学习观和价值观。

由于学生体验到了成功，会形成一种更加积极的学习心态，同时这种健康的情感态度也有助于学生人格的正确发展。在传统的教学模式中，由于课业的压力，很多学生都是在压抑和压力的情况下进行学习，这种学习气氛对学生的个性发展十分不利。由于学生要长时间忍受学习所带来的失败，其学习上的挫败感就会上升，最终还会影响学生的学习兴趣。

在任务型教学中，教师需要让处在不同学习水平和学习阶段的学生都能感受到学习的兴趣和成功，要使学生乐于从学习中获得成功的成就感，也需要教师在任务的设计和任务的完成阶段对学生的个性有多重考虑，授课过程中对学生的进步多进行鼓励，树立学生学习上的自信心。当学生顺利完成任务时，学生会感受到学习上的进步和成功的喜悦，其学习上的积极性和参与度也会得到提高。

(4) 自我调节的策略

在任何的学习策略中，自我调节策略都占有重要的地位，这种策略能够激发学生的注意力，使学生保持一种积极进取的学习态度。同时自我调节实现了学生由“知学”向“好学”“乐学”的转变。

在任务型教学中，教师需要指导学生进行任务，使学生有能力根据不同的学习内容和自身学习特点选择相应的任务解决方案，同时学生还能有足够的自制力和自信心完成任务。

在任务的完成阶段，自我调节策略也能发挥重要的作用。教师和学生可以根据任务中的表现进行反思，从而找出任务中的不足，进而找到相应的解决方案。通过教师和学生相互之间的帮助和鼓励，师生之间的交流也会更加顺畅，在课堂上的契合度会相应提高。

第二节　高校英语任务型教学法的应用

听、说、读、写是英语的重要技能，也是语言和精神同构生成的能力。大学英语教学的主要目标是培养学生的综合语言能力，而培养学生的听、说、读、写能力则是实现这一目标的重要途径。但是，要想使学生掌握这几项技能并非易事，还需要有效的教学方法给予支持。而任务型教学法则是最佳的选择，它可以使大学英语教学更加有效。

一、任务型教学法在听力教学中的应用

通俗来讲，英语听力能力就是能听懂以英语为母语的人说话的能力。听的过程是人脑有意识地对听到的语言进行积极加工和处理的过程。在听力理解的过程中，听话人根据具体情境所提供的信息线索以及自己本身所掌握的语言知识与社会文化知识，运用各种方式达到理解的目的。听力是获取语言信息的重要手段，也是人类进行交际的重要手段。而作为培养学生听力的重要途径知识，听力教学的重要性越来越明显。

（一）大学英语听力教学的目标与特点

1. 大学英语听力教学的目标

关于大学英语听力教学的目标，具体分为以下三个层次。

一般要求：

（1）能听懂英语授课。

（2）能听懂日常英语谈话和一般性题材的讲座。

（3）能听懂语速较慢的英语广播和电视节目，并能掌握其中心大意，抓住要点。

（4）能运用基本的听力技巧。

较高要求：

（1）能听懂英语谈话和讲座。

（2）能基本听懂题材熟悉、篇幅较长的英语广播和电视节目，能掌握其大意，抓住要点和相关细节。

（3）能基本听懂用英语讲授的专业课程。

更高要求：

（1）能基本听懂英语国家的广播电视节目，并掌握其中心大意，抓住要点。

（2）能听懂英语国家人士正常语速的谈话。

（3）能听懂用英语讲授的专业课程和英语讲座。

2. 大学英语听力教学的特点

在大学英语教学中，听力的地位越来越凸显，而且随着现代化教学技术的运用，目前大部分学校的英语听力教学都是在多媒体教室内开展的，因此其教学本身也呈现出一定的特点。具体表现在以下几个方面。

（1）灵活性和示范性

英语听力教学主要是通过运用有声材料对学生进行授课，而这种授课方式就增添了教学的灵活性，并且改变了教师以往的授课方式，能有效吸引学生的注意力，激发学生的学习积极性。此外，在课堂学习中，学生还能通过有声材料进行规范的听、说示范和练习，听力教学这种示范性的特点能显著提高学生的听力理解能力。

（2）实践性

大学英语听力教学还有着鲜明的实践性特点。大学英语听力教学的主要任务是培养、训练和提高学生运用英语进行听的能力，但这种能力的掌握并不是单纯靠课堂内教师的教和学生的理解就能掌握的，而是需要通过课内外大量的听力练习获得的。

（3）实时性

实时性也是大学英语听力教学的一个显著特点。英语听力教学不仅要求学生在课堂上接收到声音信息后立刻做出反应，而且要求学生对所听到的信息有一个正确的理解以及有效的记忆，同时根据教学的要求给出反馈信息，可以说听力教学就是一个完全的实时过程，具体包括听、思考、记忆、反馈四个过程。

（4）不可控制性

不同于其他教学活动，在听力教学中，学生往往无法控制听力材料的语速，而且听力材料的不间断性很容易引发学生紧张和焦虑的情绪。此外，听力材料中的语言多不正式，而且具有不完整性，有时甚至会出现停顿和重复的现象，这就给学生的听力理解造成了困难，学生只有了解了听力材料中语言的特点，才能从中获取有效的信息。

（二）大学英语听力教学存在的问题

尽管听力教学在大学英语教学中的地位日益重要，但是听力理解仍然是大多数学生的薄弱环节。而且大学英语听力教学本身也存在很多问题，这些问题也严重影响了学生听力水平的提高。下面就对大学英语听力教学中存在的问题进行简要说明。

1. 学生方面的问题

（1）听力基础薄弱

目前，大多数学生都存在听力基础较差的问题，尤其是初到大学的新生。这一问题具体表现在语音知识、词汇知识、语法知识方面的欠缺。

虽然大学生已经学过多年英语，但是仍缺乏必要的语音知识，对音节、连读、失去爆破等方面的知识积累不足，而这必然会降低学生对英语的语音、语调及韵律特征的敏感度，导致学生辨音能力弱，进而影响对听力材料的理解。词汇量积累不足也是影响学生听力能力的重要方面，如果学生词汇量小，即便能准确辨别所听到的声音，却不能将这一声音与其代表的词汇联系起来，进而阻碍听力的整体进程。而学生的语法方面知识的欠缺同样制约着听力理解的顺利进行，学生只有熟练掌握英语语法知识，才能正确分析听力材料中语言的语法结构，进而准确理解句子、段落和语篇。

（2）心理负担过重

心理负担重也是学生在学习听力技能时存在的一个问题，而这一问题也严重影响着学生听力水平的提高。具体来讲，学生心理负担重主要表现为英语听力课堂上的焦虑紧张和自卑恐惧。有很多学生对英语听力有一种莫名的恐惧感，一到上听力课，心里就会焦虑紧张，不知所措。而有些学生本身基础较差，成绩也不佳，他们在听力课上总是紧张不安，很难专心地投入听力训练中去，他们不是担心被老师提问，自己回答不出来，就是担心回答得不正确会被老师批评，被同学嘲笑。这些学生长期处于压抑状态，心理状态和学习情绪不佳，因此其英语听力能力也很难得到提高。

2. 教师方面的问题

（1）教学目的不明确

教学目标不明确也严重影响了大学英语听力教学的效率及学生听力能力的提高。在目前的大学英语听力教学中，听力课多是教师引领学生进行听力测试，而忽视了听力教学的目的：培养学生的听力技能，提高学生的听力水平。很明显，教师混淆了听力教学与听力测试之间的界限，使得教学目的发生了错位。

（2）教学形式单一

现代化教学技术在大学英语听力教学中得到了广泛运用，使教学环境也大有改观，但传统的教学模式依然是目前大学英语听力教学的主流。其教学模式具体如下：教师进行单词的解释和背景知识的介绍，给学生播放录音，向学生提出问题，核对答案，最后进行录音回放，让学生寻找正确答案及原因。这样的听力教学完全忽视了学生的主体地位，教师成了课堂的中心，学生只是被动地接受信息，学生的积极性也根本没有被调动起来，而且在这样的课堂上，师生、生生之间的互动性很差，学习氛围也不佳，学生在情感受到压抑的情况下，势必会对教学表现出冷淡的态度，难以达到理想的教学效果。

3. 教学条件方面的问题

（1）听力教材内容陈旧

目前，大学英语教学中所使用的听力教材更新周期较长，缺乏层次性和多样性，不能体现快速变化的时代特征。此外，教材内容普遍缺乏开放性，内容相对比较陈旧，无法很好地体现最新的教学方法和教育思想。甚至在这种教学内容枯燥、缺乏趣味性的情况下，教师还拘泥于教材，按照教学大纲照本宣科。长期下去，学生很容易对英语听力教学失去兴趣，缺乏学习的积极性，其听力水平自然难以提高。

（2）学时安排科学性差

目前，大学英语教学中听力课的课时安排多为每周一学时或两学时，且一节课没有时间停顿。在课上，学生听教师讲解语言知识点和背景知识，听录音，核对答案，一节课下来学生的大脑一直处于紧张状态，而且很容易产生疲劳感，教学效果更难以保障。然而，教师却很少布置课后听力作业，到了下次听力课时，因相隔时间太久，学生已掌握的听力知识也所剩无几了，而这又在一定程度上延缓了学生听力水平的提高。

（三）任务型教学法在大学英语听力教学中的具体应用

在大学英语听力教学中实施任务型教学是非常有益的，它可以有效改善目前大学英语听力教学的现状，提高大学英语听力教学的效率。

1. 大学英语任务型听力教学的设计原则

在任务型听力教学中，任务的实施情况直接受任务设计的影响，因此在教学过程中，教师要格外注意听力任务的设计，以保证任务的顺利进行。具体来讲，在大学英语任务型听力教学中，教师要遵循以下任务设计原则。

（1）真实性原则

所谓真实性原则，是指在设计听力任务时，所选用的听力材料一定要源自现实生活，同时听力任务的活动和情景也要贴近真实生活。具体来讲，教师在依据听力材料设计具体任务时，要了解学生的实际情况，并据此为学生提供其所熟悉的语言信息，使学生感受到任务情景的自然性和真实性，并从中体会和学习语言，培养语言能力，最终将在课堂上获得的语言技能运用于现实生活。实际上，真实只是一个相对的概念，因为听力材料不可能总是绝对真实，但是至少也要尽量真实。

（2）层次性原则

所谓层次性原则，具体包含两个方面的含义：首先，在设计听力任务时，教师要了解学生的听力水平，并根据学生听力水平的差异划分不同层次的小组，让学生完成任务；其次，针对同一听力材料，教师同样要了解学生的实际水平，并具体设计出难易程度不同的听力任务，以满足不同层次学生的需求。教学设计具有层次性，可以避免优生“吃不饱”、后进生“跟不上”的情况，可以培养不同层次学生的听力能力，进而达到预期的教学效果和目标。

（3）趣味性原则

所谓趣味性原则，是指教师在设计听力任务时，要以学生的生活经验和兴趣为出发点，将听力内容尽量生活化和简单化，并运用灵活的教学活动形式，最大限度地使任务具有趣味性。具体来讲，教师在设计听力任务时，可以适当运用其他教学辅助手段，如将视听结合、声像结合等来增添听力材料的趣味性，进而激发学生的兴趣，提高学生学习的效果。

（4）挑战性原则

所谓挑战性原则，是指在设计听力任务时，要使听力任务具有一定的挑战性。因为如果听力任务设计得过于简单，学生会觉得索然无味，随之就会失去听的兴趣，不利于听力水平的提高。因此，在设计听力任务时，教师要使听力材料的难度稍微高于学生的日常听力水平，让他们完成富有挑战性的听力任务，这样不仅可以激发学生的积极性，还能让他们体验到成功的快乐。但是，听力材料和任务设计的难度不能太大，否则学生就会因完不成任务而失去学习的信心。

2. 大学英语任务型听力教学的实施步骤

任务型教学法归纳了听力教学的三大步骤，即准备、实施和补充。

（1）准备阶段

听前阶段的主要任务是激活学生大脑中已储备的背景知识，帮助学生形成足够的语境，以保证学生尽可能了解即将听到的语言材料。学生一般会有这样的体会，当碰到自己熟悉的听力内容时，收获会更为明显，这反映了语言知识和背景知识在听力中的重要性。通常，语言知识主要包含语音、词汇、语法、句法以及篇章结构方面的知识，背景知识则涵盖的范围较广，包含英语文化的各个方面，如地理、历史、宗教、生活方式等。

在任务的准备阶段，以教授语言知识为主，背景知识介绍为辅。在此阶段，教师要引导和帮助学生启动已掌握的与听力材料相关的各类知识，以辅助听力任务的完成。如果学生不具备某些必要的知识，那么听前活动就为及时弥补这些知识提供了机会。因此，教师必须在听前对学生的语言水平、社会文化知识储备等方面的情况有所了解，并与学生一起为听力理解做好准备。具体地，教师可以采用以下方式激活学生的背景知识。

①根据听力材料的顺序向学生提供关键字、生词、短语等，并要求学生根据这些信息对即将听到的内容进行预测。

②指导学生阅读一些相关的材料。

③提供一些与听力材料相关的问题让学生讨论。

④提供一些与材料相关的图片、照片等，引发学生参与听力材料的预测，同时激发学生的积极性。

需要注意的是，在进行听力准备活动时，涉及的内容不宜太多，也不能太复杂，因为这毕竟是课前准备活动，不可能解决听力过程中的所有问题。此外，听前的活动量也不宜太大，时间尽量不要太长，否则就会偏离听力教学的目标，出现虎头蛇尾的情况。

（2）实施阶段

在完成了听力准备阶段之后，就要进入下一个环节——任务实施阶段。这一阶段的重点是加快学生对信息的识别、解码、储存的过程，使学生逐步适应英语语速，习惯英语的正常语速，并在此基础上抓取听力内容主要信息和大意的能力，以使学生的听力水平有一个质的飞越。“有了初步的语言基础之后听力理解的困难主要不在于信息传递的速度，而是在于区分主要、次要信息和冗余信息，在于如何从逻辑上推测新信息，以及如何排除不熟悉用语的干扰，迅速捕捉主要信息。”“有调查结果表明，歧义容忍度较高者，英语听力理解分数较高。”也就是说，在听力过程中要能够容忍知识的模糊和不完整，而这也是成功听力者的主要特征之一。

但如何在稍纵即逝的语流中捕捉主旨大意，排除不必要的干扰是值得注意的问题。因此，教师需要设计一些具体明确、形式多样的任务活动，让学生带着问题和任务去体会。

①在听力开始时，教师提示学生注意材料的第一句话，因为该句话往往就是主题句，预示着内容的发展方向。同时，要求学生记下关键字，以便于后面任务的完成。

②提醒学生分清听力材料的主要信息和次要信息，使学生将听的重点放在主要信息的捕捉上，以增加快速性和准确性。

③也要注意师生与生生之间的交流与互动，教师可以将学生分成小组，并提出相关的问题，在听力结束后，要求各个小组讨论问题，每个小组派出代表回答，最后教师进行点评。

④引导学生根据说话人的语调和情感揣测说话者的观点和态度。

⑤教师还可根据听力内容让学生选择对应图片、排列顺序、补全对话等，以使学生在完成听力任务过程中寻找到听的动力和兴趣。

在完成听力任务的过程中，各个教学任务的设计可有效引导学生捕获听力材料的主要信息和主旨大意，实现师生交流与互动，为学生提供一个有趣生动、形象真实的听力实践过程。

（3）补充阶段

这一步骤是听力教学的深化阶段，结束收听并不意味着整个听力获得的结束，在这一阶段，教师还应对学生所完成的听的任务进行验收，以便对学生听的情况进行评估。但是，所谓验收并不仅仅是对答案，更重要的是对学生的错误答案进行分析，即分析学生存在的问题有哪些，造成学生听力困难的原因是什么，对于这些问题如何改进等。分析了学生的错误答案，教师就可以更多地了解学生的学习情况，并据此有针对性地设计一些任务加以弥补，以避免学生再犯类似的错误。

在听力教学中，没有必要将要求学生在听时做出正确的反应以及顺利完成听力任务作为听力活动的目的，也没有必要将完成听后的分析任务作为活动的终点。而应将听力活动作为起点与其他活动融合在一起，这样可以收到更好的效果。也就是说，听后阶段应扩大范围，即教师要在可理解输入的基础上，培养学生在听力过程中分析、提出有关的文体知识的能力，并布置相关的输出性任务，使学生能够将听到的语言知识通过实践活动转化为语言的实际运用能力，这样不仅可以加速输入语言的内化过程，还可以使听力活动转变为一种语言输出活动。输出任务的设计要从学生的实际情况出发，为学生安排多样的输出任务，创造语言交际的机会。依据不同的对象和内容，教师可设计以下三种任务活动。

①教师可以设计复述活动，即要求学生对听力材料中的语言信息进行加工处理，然后用自己的语言或听力材料中的语言进行复述。

②教师可以设计对话与角色扮演活动，即根据听力材料中的真实情景设计对话，然后让学生分角色进行表演。

③教师可以根据听力材料的内容对学生进行分组，然后让他们讨论和发表个人意见，以锻炼学生的语言表达能力。

上述三个任务将听与说结合起来，在说的过程中，学生可以体会、内化和运用语言，而听的学生则可以进一步增加听力训练的机会。另外，听还可以与写结合起来设计一些写的任务活动，如改写、进行故事续编等。

总而言之，通过上述三大步骤的实施，不仅可以营造轻松、互动的学习氛围，还可以创造出类似于真实的语言环境。而这能有效地调动学生内在的学习动机，促使学生顺利完成听力任务，并在完成任务的过程中使学生不断体验成功，提高听力水平。

（四）任务型教学法在大学英语听力教学中的优势

通过上述内容可以看出，任务型教学作为一种全新的教学模式在大学英语听力教学中发挥着显著的优势，具体表现为以下几个方面。

1. 明确听力教学的目标

训练和提高学生运用英语进行听力的能力是大学英语听力教学的主要目标，这种能力的掌握和提高需要教师对听力材料的选择、课堂教学的组织、学生的可理解输入、信息反馈等课前精心准备以及课内外大量的练习才能获得。而任务型听力教学以明确的教学目标为导向，注重真实场景下的语言交际活动，倡导体验、实践、参与、交流与合作的学习方式。在任务型听力教学中，教师针对听力、材料组织话题，向学生提供真实的语境，精心设计需要学生完成语言目标的活动或任务。

2. 灵活调整任务的设置

听力教学本身有着较强的灵活性和示范性，而且听力教学本身的特点使得以往教师的授课方式有所改变，但教师的教学模式和教学步骤却缺乏新颖度，从而使得学生很容易对听力学习产生厌烦感。而在任务型听力教学中，教师可以设置形式多样、灵活多变的任务活动，让学生在完成任务的过程中享受学习的乐趣，体验和感受成功。其灵活性主要体现在，教师可以针对听力材料的难易程度以及学生水平的差异设置不同的任务，这样可以有效避免学生对任务产生恐惧感，也能减轻学生对听力的厌烦感，并能调动起学生的积极性，使他们乐于参与活动，进而提高他们的听力水平。

3. 突出学生的主体参与性

陈旧的教学模式忽视了学生的主体地位和学生的积极参与性，教师是课堂教学的中心，学生只是被动地接受知识，这样的教学模式必然会阻碍教学效果的提高。而任务型听力教学改变了以往以教师为中心的模式，其教学核心是以学生为中心，并力图为学生营造轻松、活泼的教学氛围，充分激发学生的学习兴趣，调动学生的积极情感，增强学生的参与意识。而且，在任务型听力教学中，学生可以自主地完成教学任务而不需要教师过多地干预，在这一教学活动中，学生可以真正作为活动的主体参与其中，发挥自己的能动性，有效地将自己掌握的知识和实际活动结合起来，最大限度地发展自己的英语听力能力。

4. 培养学生的合作能力

在任务型听力教学中，任务的布置多是以小组活动为基础的，这就需要学生之间相互合作、相互交流，共同完成任务，一起感受成功。而在无形中就提高了学生之间的合作意识，培养了学生合作完成任务的能力。

二、任务型教学法在口语教学中的应用

学习语言的目的是进行交际。随着社会的发展和国际交往的日益频繁，培养学生的口语交际能力受到了人们的高度重视。英语课程标准也指出："英语教学的最终目的就是要培养学生的综合运用语言的能力"，"教师要能为学生创造积极的、能运用英语的环境，只有这样，才能培养学生的英语交际能力"。但是，在长期的传统教学模式下，我国英语教学都将重心放在了英语语言知识的讲授上，而忽略了学生口语交际能力的发展，使得我国学生在学了多年英语甚至大学毕业之后都不能用英语进行流利的交际。为了改变这种现象，提高学生的口语交际能力，必须引入新的教学方法。

（一）大学英语口语教学的目标与口语交际的特点

1. 大学英语口语教学的目标

针对英语口语教学的目标划分了三个层次。

一般要求：

（1）能在学习过程中用英语交流，并能就某一主题进行讨论。

（2）能就日常话题用英语进行交谈。

（3）能经准备后就所熟悉的话题做简短发言，表达比较清楚，语音、语调基本正确。

（4）能在交谈中使用基本的会话策略。

较高要求：

（1）能用英语就一般性话题进行比较流利的会话。

（2）能基本表达个人意见、情感、观点等。

（3）能基本陈述事实、理由和描述事件，表达清楚，语音、语调基本正确。

更高要求：

（1）能较为流利、准确地就一般或专业性话题进行对话或讨论。

（2）能用简练的语言概括篇幅较长、有一定语言难度的文本或讲话。

（3）能在国际会议和专业交流中宣读论文并参加讨论。

（4）能使用较多的讲话技巧，如引起听众的注意、维持听众热情、协调与其他讲话人的关系等。

2. 口语交际的特点

口语交际具有明显的特征，具体表现在以下几个方面。

（1）英语语言的听、说、读、写四项基本技能之间有着紧密的联系。

听与说构成了口头交际。它是听、说相互作用的过程，涉及输入（听）和输出（说）两个方面。读与写构成了书面表达，也涉及输入（读）与输出（写）两个方面。

（2）口语交际的过程，实际上就是语言运用双方积极参与、合作、磋商所表达思想的过程。而这一过程也意味着，表达双方必须将要表达的思想用适当的语言表达出来，同时听者要及时地将对方表达的内容进行解码。

（3）在交际过程中，说话者表达的信息要远比听话者理解的句子多很多，因此听话者没有必要对听到的每个词都进行加工处理，也不一定要听懂每一句才能理解说话者想要表达的含义。

（4）交际策略对于口语交际来讲非常重要，任何口语交际都离不开交际策略。为了将话语组织成连贯紧密的交际语篇，交际双方会依据交际环境、对象等选用恰当的表达方式的策略。为了使话语表达更加流利，交际双方会使用拖延策略；因语言知识储备不足，而又要避免交际失败时，交际双方会选用弥补策略和自我修正策略。

（5）在话语交际的过程中，受话与发话会来回轮替，发话者的言语行为影响受话者的反应，从而表现出互动性。在互动交际中，会有话题的转变、插话、核对事实、澄清观点等情况发生。

（6）口语交际过程中，总会有停顿、重复的情况发生，也会有表达不完整的句子或不合语法规则的句子，但这也是一种交际的技巧。

以上这些都是口语交际的特点，如果想要获得最基本的交际能力，就要了解和掌握这些约定俗成的交际规则。而大部分学生往往都欠缺这方面的知识，因此这方面的知识应作为口语教学的重要内容和训练环节。

（二）大学英语口语教学存在的问题

虽然目前的大学英语口语教学在改革中获得了一定进步，但在学生和教师两方面仍然存在很多问题，这些问题都严重阻碍了学生英语口语水平的提高和英语口语教学的发展。

1. 学生方面的问题

（1）自信心不足

自信心指的是个人对自身能力以及自我发展的肯定。具有较强自信心的人对自己的能力具有信心，坚信自己能够获得成功，而且不易受外界环境的干扰。然而在大学英语教学中，大部分学生都对自己的口语表达能力缺乏信心，只有少部分学生认为自己能准确表达自己的思想。绝大部分学生都存在自卑感，在课堂交流中处处逃避，希望在口语课堂上“太平无事”。他们表现得十分低调，而且自我评价不高，常因担心不能准确回答和表达而不愿回答教师的问题或参与交流活动。由于自信心的丧失，学生就会对口语学习表现出消极的态度，而这也就导致其口语学习的失败。

（2）存在焦虑感

焦虑作为一种重要的情感因素，对大学英语口语学习有着巨大的影响。焦虑通常伴随着忧虑、紧张、不安，甚至恐惧。如果学生长期处于焦虑的状态中而得不到调整，不仅会影响学生的身心健康，也会给学生的学习带来极大的影响。事实上，相当一部分学生都存在焦虑状况，他们一上口语课就表现出紧张的状态，在回答问题时也感到害怕。对于大多数学生而言，一方面他们不了解英语口语的重要性，另一方面他们对口语学习的投入又没有其他学科多，一旦要用英语表达思想就更增添了他们的恐惧感。他们渴望自己能掌握流利的口语技能，也希望教师能纠正自己的表达错误，但又因害怕犯错，害怕被其他同学嘲笑而在口语课上保持沉默。很明显，学生对学习的片面认识以及因学习而产生的焦虑情绪严重影响了其口语能力的提高。

（3）缺乏学习动机

动机包括愿望、意图等，是激励人们采取行动的内在动因和力量。学习动机对英语学习有着重要的影响作用，它能激励学生不断为达成目标而努力。调查表明，学生对口语学习表现出不同的动机。绝大部分的学生都愿意同来自英语国家的人进行沟通，但是却没有多大兴趣对英语国家的文化进行深入的了解和研究，也没有真正想过要融入他们的社会生活中。这说明他们对英语口语水平的要求并不高，仅仅停留在表面，他们认为自己生活在汉语环境中，没有必要因为交际而实践所学的第二语言。显然，这样的学习动机是很难帮助其提高口语水平的，还有一部分学生学习英语口语的目的是通过口语测试，或是为了将来能找到好的工作，带着纯粹的目的性突击口语。他们错误地以为只要通过短期的强化，掌握一些应答的技巧就可以了，而缺乏全面提高口语能力的愿望和扎实练习口语的思想。他们根本没有主观上提高口语水平的动力和兴趣，投入锻炼口语能力上的时间和精力很少，进而导致他们的口语交际能力普遍较差。

2. 教师方面的问题

（1）语言示范能力不够

针对口语授课而言，教师自身要具有较高的口语水平，教师的交际能力要好，要能充当学生的交际典范。调查表明，绝大部分学生都对英语教师的口语水平有较高的要求。希望能够听到教师说“原汁多味”的纯正英语，也希望能在课堂上与教师用英语进行交流，以提高自己的口语能力。然而在具体的教学实践中，很多教师并没有意识到自己示范作用的重要性，而是认为练习口语是学生自己的事。他们认为自己设计好口语练习活动并让学生参与练习，就算是完成了任务，而没有认识到在教学中要提高自己的口语水平，对学生起到积极的示范作用，也没有为学生营造良好的英语环境。显然，这样是不利于培养学生用英语进行思维的能力的。

（2）教学方法呆板

目前，大学英语口语教学的形式虽然有所改进，但教学方法却依然传统、陈旧。在具体的教学中，教师仍然采用“填鸭式”的教学方法，片面地将语言信息灌入学生的大脑，将口语课上成了语音课或精读课。而且，在课堂上，也往往是教师讲得多，留给学生练习的机会少，教师一心想着按时完成自己的教学计划，而忽略了学生对口语学习的积极性和自主性，使得学生常处于被动和消极的学习状态，甚至有些教师将口语课变成了自己的口语练习课，而将学生置于教学的边缘。这样的教学方法显然既不能为学生创造良好的口语学习环境，也不能很好地激发学生的学习动机和兴趣，学生很难从中感受到学习口语的乐趣，因此其口语能力也就得不到很好的培养。

（3）纠错方式欠妥

教师对学生学习中出现的错误进行纠正是无可厚非的，而且几乎所有的学生也都希望教师能够对自己在交际中存在的错误进行及时的纠正。但是，在交际过程中，如果学生出现交际问题，教师立即纠正会很容易打乱学生的正常思路，尤其对于大学生，他们的心理都较为成熟，而且自尊心较强，过多的及时纠错会严重损伤他们的自尊心，进而出现紧张、焦虑的情绪。所以，教师要对学生在交际中的错误持宽容态度，因为即便是用母语进行交流，也会出现停顿、口误的情况，在学生用英语表达时，没有必要要求他们像使用母语那样流利。然而，实际情况却是，教师一旦发现学生的错误，就忍不住去纠正。这种频繁的纠错不仅将学生陷于尴尬的境地，也会使学生失去说的勇气，进而影响学生口语能力的发展。

（三）任务型教学法在大学英语口语教学中的具体应用

在大学英语口语教学中实施任务型教学法是大学英语口语教学改革的重要措施。实施任务型教学法不仅可以改变大学英语口语教学的不良现状，还能有效提高大学英语口语教学的质量以及学生的口语水平，使大学英语口语教学朝着更好的方向发展。下面从两个方面来说明任务型教学法在大学英语口语教学中的具体应用。

1. 大学英语任务型口语教学的设计原则

任务型口语教学需要教师从学生的角度出发，设计任务活动，让学生实施活动。而要设计出符合学生实际的任务活动，就要遵循以下设计原则。

（1）循序渐进原则

这一原则是指任务型口语教学中任务的设计应由简到繁，由易到难，层层深入。在课堂教学中，任务应称“任务链”或“任务系列”的形式，每一项任务都要以前面的任务为出发点。这种任务形式有助于拓宽学生的语言知识面，也有助于提高学生的语言综合能力。因此，在口语教学中，教师要遵循先输入后输出的规律，使学生扎实地一步步完成任务，并在完成任务的过程中达到掌握英语能力的目标。

（2）语言形式与运用相结合原则

传统英语教学的不足之处就是语言形式与运用相脱离，在传统的英语教学中，学生虽然掌握了不同的语言句型和形式，却不懂得如何使用它来表达意义。因此，在口语教学中，教师在设计交际任务时，一定要注意语言形式与语言运用的结合，要求学生在学会语言形式的基础上，培养自己的语言运用能力，同时教师每一阶段的任务设计都要具有导入性和激发性，以提高学生的积极性。

（3）人人参与原则

在英语教学中，培养学生的口语能力并不是培养个别学生的口语能力，而是让大部分学生的口语能力得到提高。因此，为了达到使全班学生的口语都得到训练的目的，教师在设计教学任务时就要遵循人人参与的原则，即尽量设计真实的、使学生感兴趣的任务活动，以吸引每个学生都积极参与活动，并在完成任务活动的过程中锻炼自己的口语。在全班性练习的口语活动中，学生个人参与的机会很少，而且时间较短，此时可以安排学生分组完成任务，这样每个学生都有发表见解的机会，而且在小组中，学生也易于克服胆怯心理，乐于参与活动，其合作意识也能得到培养。

（4）任务具有一定难度原则

除上述情况外，任务的难度也对任务型口语教学的效果有着直接的影响。所以，在设计任务活动时，任务必须有一定的难度。一方面，不具有挑战性的任务只会使学生单纯地练习已熟悉的句型，根本达不到交际的目的；另一方面，缺乏一定难度的任务很容易使学生失去参与的热情和积极性，因而同样也达不到真正交际的目的。学生只有克服困难后获得成功时，才会真正体会到成就感，也才能激起他们不断学习的热情。因此，在设计口语任务时，教师可以给学生提供相同的材料，但设计不同层次的任务，并提供不同程度的帮助；也可以向学生提供不同程度的材料，让学生执行相同的任务；还可以对学生进行分组，让各小组成员各尽其职，充分发挥自己的优势，共同完成任务。但是，所有任务的难度都应该在学生所能驾驭的范围之内，任务过难反而会达不到训练的目的。

2. 大学英语任务型口语教学的实施步骤

（1）呈现新知，明确任务

在开展任务之前，学生首先要在语言材料上思想上有充足的准备。在这一阶段，学生的主要任务是感知新的语言材料、进行大量的语言输入；教师的主要任务是结合学生的学习情况以及生活经验，激活学生与话题相关的图式，将所要学习的新知识与学生已经掌握的知识建立起联系，使学生头脑中与完成任务所必需的语言知识和技能得到激活之后再导入任务，这样在完成任务的过程中学生才有话可说，并建构出新的语言材料。

在此环节中，教师要在遵循先输入后输出原则的基础上为学生创造有主题的情境，使学生先从自己熟悉的、源自真实生活的话题以及自己感兴趣的话题谈起，以此调动他们参与的积极性和学习的动机。而且，源自实际生活的话题不仅可以使学生心情放松，还能激发他们说的愿望，使他们满怀期待地开展新课的学习，进而为下一阶段的口语练习打好基础。

（2）准备任务，展开交流

在思想上和语言材料上做好准备之后，就要准备任务，让学生展开交流活动。在学生接受任务之后，教师可安排学生以结对子或小组的形式自由组合，并为学生设计多个小任务，使之构成任务链，让学生展开交流活动。在这期间，教师要监督、指导学生完成任务的情况，也可以作为小组活动的一员，参与到小组活动中去。此后，各小组要以口头的形式向全班汇报完成任务的情况，此时教师可以给予学生适当的指导和帮助，以使学生的口头汇报自然流畅。

结对子或小组活动可以有效克服我国大班化教学的不足，它可以创造说英语的环境，为每个学生提供练习和运用口语的机会；与同伴交流和沟通可以更加有效地激发学生的认知发展，最大限度地降低学生的焦虑度；小组讨论，同伴之间相互帮助促进，还能培养学生的合作意识和精神。在这一环节中，教师要时刻注意并了解学生对新知识的掌握程度，并据此对教学策略做出及时的调整。

（3）展示成果，评价任务

在各小组完成任务之后，用英语向全班展示最终的任务结果，教师和全班学生一起对各小组任务的完成情况进行评价。在这一环节中，教师要意识到及时评价的价值。教师可以对学生完成的情况进行总结，对于任务完成情况较好的小组给予鼓励和奖励，以使他们品尝到成功的喜悦；对于任务完成情况一般的小组，教师要给予支持，以增强他们的自信心，促使他们不断努力。教师还可以让学生评价哪一组完成的情况更好，并说明每组的优点、不足及理由，这样可以让学生在评价他人的过程中学会正确理智地评价自己，达到学习与做人双丰收的境界。

（4）布置作业，拓展任务

这一环节是任务的延续和拓展，让学生在课后完成与课堂内容相关的任务。例如，让学生到图书馆或上网查找适合他们学习的教学资料，以加深学生的知识积累；或是让学生以小组为单位出一期与话题相关的墙报，以提高学生学习的积极性。

（四）任务型教学法在大学英语口语教学中的优势

任务型口语教学模式以学生为教学主体，以话题为主线，以任务为中心，以培养学生的语言运用能力为宗旨，它改变了传统教学中学生“无话可说”“无事可做”的现状。具体来讲，任务型教学法在大学英语口语教学中的优势呈现在以下几个方面。

1. 创造情感过滤程度较低的学习环境

情感因素长期以来都是影响学生学习成绩和学习效率的重要因素，所以如何为学生营造一个情感过滤程度较低的学习环境一直都是英语教师关注的问题。而在任务型口语教学中，尤其是以小组为单位的活动中，小组成员相互协作和帮助，个体之间的竞争转化为小组之间的竞争，学生的心理压力自然会减小，他们不再因不知道如何回答而紧张，情感焦虑程度也就会明显降低。而且，在这种轻松活泼的环境下，学生也乐于学习，学习的积极性和动机也会大大增强。

2. 激发学生学习口语的积极性

在任务型口语教学中，任务活动的设计都具有明确的目的性，都是以学生的兴趣和生活经验为出发点，涉及的内容和情景都接近现实，这些都能使学生产生亲切感，大量训练口语的机会又能满足不同学生的要求。所以，在这种教学中，学生的学习动机和兴趣得到了激发，学生的学习积极性也得到了调动。只有当学生对某个问题感兴趣时，才会积极地去寻找解决的办法，也才能充分地发展自己的才智。

3. 实现交际活动的双向性

在传统的口语教学中，教师是教学的主体，交流呈现出单向性，学生没有太多的发言和交流的机会。而在任务型口语教学活动中，学生是活动的主体，学生为准备和完成任务可以进行各种交流尝试，而且小组成员之间相互询问、说明、建议等，使得他们的交流呈现出双向性。并且，相较于成人的话语，认知水平相似的同伴之间的话语更能刺激他们认知的发展，也更有助于他们对语言的理解和任务的完成。

4. 增强学生的自主学习能力

在任务型口语教学中，教师提供源于真实生活的话题，创设接近真实的情景，合理地设计任务，积极地调动学生的参与热情。在这样的教学模式下，学生会积极地努力完成任务，并且在合理动机的驱使下，学生会主动地发展口语能力，原来消极的口语学习心态也会有所变化，由消极被动转化为积极主动。而且，任务的顺利完成也会给他们带来莫大的成就感，使他们对下次任务的完成充满信心。甚至有些学生会在课后自主地去查阅相关资料，完成具有一定难度的拓展性任务，进而在这一过程中逐渐养成良好的自主学习习惯。

5. 建立了新型的师生和生生关系

在传统的口语教学中，师生之间是一种不平等的“主从关系”“上下级关系”，而在任务型口语教学中，这种师生关系发生了改变，教师变成了任务的组织者、指导者、监督者、促进者甚至是参与者，师生之间的关系变得更加平等和融洽。同时，在这种教学模式中，学生由原来的听讲者转变为积极的参与者和研究者，原来学生之间的竞争关系也变为了互助协作的友好合作关系。

三、任务型教学法在阅读教学中的应用

在任务型阅读教学中，学生在教师的指导下以完成任务的方式参与学习，不仅能感受到轻松愉悦的学习气氛，参与师生之间、生生之间的合作与交流，还可以真切地感受到语言在实际运用中的作用，可谓一举多得。

（一）大学英语阅读教学的目标与特点

1. 大学英语阅读教学的目标

针对阅读教学目标划分了一般要求、较高要求和更高要求三个层次。

一般要求：

（1）能基本读懂一般性题材的英文文章，阅读速度达到每分钟 70 词。

（2）在快速阅读篇幅较长、难度略低的材料时，阅读速度达到每分钟 100 词。

（3）能就阅读材料进行略读和寻读。

（4）能借助词典阅读本专业的英语教材和题材熟悉的英文报刊文章，掌握中心大意，理解主要事实和有关细节。

（5）能读懂工作、生活中常见的应用文体的材料。

（6）能在阅读中使用有效的阅读方法。

较高要求：

（1）能基本读懂英语国家大众性报纸杂志上一般性题材的文章，阅读速度为每分钟 70~90 词。

（2）在快速阅读篇幅较长、难度适中的材料时，阅读速度达到每分钟 120 词。

（3）能阅读所学专业的综述性文献，并能正确理解中心大意，抓住主要事实和有关细节。

更高要求：

（1）能读懂有一定难度的文章，理解其主旨大意及细节。

（2）能阅读国外英语报纸杂志上的文章。

（3）能比较顺利地阅读所学专业的英语文献和资料。

在具体的教学过程中，教师应参照相应的教学目标，把握教学宗旨，调整教学内容，并在此基础上进行一定的拓展和延伸。

2. 大学英语阅读教学的特点

阅读是获取知识、发展智力情感的重要途径和高级神经系统的心理活动，需要多个器官的分工合作。发音器官发出相应的语音，耳朵收集到这些信号后，大脑才理解或接受这些文字意义。由于英语是拼音文字，其形音之间的联系更加直接，所以阅读英语材料的过程常常是由文字到语音，再到意义，而且这种分段活动非常明显。从阅读单位来看，既可能是单词、词组，也可能是句子。为提高学生的阅读技能，教师可通过口头问答和对话等语言练习来强化学生反应的意识和习惯。

在阅读过程中，除了眼睛感知文字符号所产生的视觉信息起作用外，非视觉信息也发挥着巨大的作用。所谓非视觉信息，是指在阅读过程中起潜在作用的，由大脑所提供的一些“眼球后面的东西”，如对所学语言国家的社会和文化背景知识的掌握、对所读材料内容的熟悉，以及个人的生活经验、生活常识、逻辑知识和语言知识修养等。换句话说，非视觉信息就是阅读者所具有的、对阅读活动有促进作用的全部知识结构的总和。人在看到文字符号时之所以能够理解其所蕴含的意义，是视觉信息与非视觉信息融会贯通的结果。科学实验告诉我们，非视觉信息越丰富，阅读单位就越大，难度也随之降低，速度因此而加快。因此，教师应辩证地处理形式与内容的关系，既有由内容到形式、由综合到分析的训练，又有由形式到内容、由分析到综合的训练。

总之，教师应充分掌握阅读教学的特点，在教学过程中对各种教学方法进行灵活变通，不断提升学生的阅读理解能力。

（二）大学英语阅读教学存在的问题

大学英语阅读教学应注重培养学生用英语获取和处理信息的能力，用英语分析问题和解决问题的能力以及批判性思维能力。但是，就目前的情况来看，在我国的大学英语阅读教学实践中还存在诸多问题。

1. 学生方面的问题

（1）阅读习惯欠佳

阅读习惯是影响阅读质量的一个重要因素，学生的不良阅读习惯会对阅读理解产生不容忽视的阻碍作用。下面是一些常见的不良阅读习惯。

①阅读视野狭小，不以句子为单位，习惯一个词或几个词地读。

②不能按照文章的顺序进行阅读，时常发生跳读；换行时，不能迅速定焦看清文字。

③边读边将所读内容在心里翻译成汉语，然后再继续阅读后面的内容。

④有的学生喜欢在心里默读或者唇读；有的学生喜欢用笔或手指着读；还有的学生喜欢不断回头重复读。

这些不良的阅读习惯费时费力，不仅影响了阅读的速度，更影响着思维的连贯性以及理解能力。因此，教师应指出并帮助学生克服自身的毛病，培养正确的阅读习惯，以便提高学生的阅读效率。

（2）背景知识欠缺

学生是教学的主体，是影响教学效果的主要因素。因此，学生方面存在的问题在很大程度上制约着英语阅读教学的顺利开展。就目前来看，学生背景知识欠缺的问题比较严重。

缺乏必要的背景知识是造成阅读困难的主要原因之一。背景知识指学生掌握的各种知识，包括语言知识本身、文化背景知识和学生已有的各种生活经历与经验。丰富的英语文化背景知识能促进学生英语阅读能力的提高；反之，背景知识的缺乏则会造成阅读理解的误解或困难。就目前来看，我国学生普遍缺乏英语文化背景知识，对英语国家的历史、地理、文化等不了解，从而制约了英语阅读教学的顺利开展。所以，学生只有进行广泛阅读，多了解英语国家的背景知识，才能提高阅读速度，保证阅读理解的准确性。

（3）受母语思维习惯的影响

受文化与思维方式的影响，英汉两种语言在遣词造句上也有很大不同。例如，英语句子中只能有一个谓语动词，动词受形态变化的约束，是句子的中心，并借助一些连接词把句子的其他各个语法成分层层搭架，呈现出由中心向外延扩展的“分岔式”结构。而汉语一般通过多个动词的连用或流水句形式，按照时间的先后顺序和事理推移的方式，把一件件事交代清楚。再如，中文习惯于将次要的描述性信息放在句子的前部，而将重要的信息放在句子的后部。与之相反，英文句式的表达特点是将重要信息放在句子的前部，而将次要信息置于句子的后部。学生如果对中英句式上的这种差别熟练掌握，在阅读中就可以适当分配注意力，提高阅读的速度和效率。因此，在英语阅读教学中，教师的教不应仅仅局限在语言知识的讲解上，还应注重对学生进行跨语言文化的思维训练。

2. 教师方面的问题

（1）对阅读教学的不正确认识

许多教师对阅读教学在英语教学中的作用存在不正确的认识，常将阅读速度等同于阅读能力。有些教师认为，阅读速度加快了就意味着阅读能力提高了，并据此来开展教学活动。事实上，阅读速度与阅读能力并没有必然关系。有些学生阅读得虽快，但理解不佳；有些学生阅读得很慢，理解也不好。

英语阅读教学必须更正教学观念，将阅读作为一种实用的语言技能进行教授，传授学生语篇、语言、文化等知识，提高学生的思考能力、分析能力、判断能力，拓展学生的视野，激发学生对阅读、英语乃至英语文化的兴趣、提高其英语综合运用能力和人文素养。

（2）教学重点有偏差

传统的英语阅读教学理论认为，词汇、语法和语言知识是阅读教学的重点，许多教师把大部分课堂时间用于阅读材料的细节性解释上，对所有语言点不分主次、平均用力，忽视对学生进行略读、寻读以及猜测词义等能力的训练。这种方法将原本完整、流畅的语言肢解为片段进行教学，“只见树木，不见森林”，忽视了对整体篇章意义的理解，导致很多学生在认识全部单词的情况下仍然无法理解文章的意思。教师除对文章重要信息进行必要的解释外，重点应启发学生在阅读中进行积极的思维活动，并培养学生在词汇猜测、结构梳理、内容预测等方面的能力。

（3）教学方法落后

大学英语阅读教学方法的落后体现在，教师在课堂上只管使劲地讲，满黑板地写，一味地讲解生词、逐句逐段分析语篇；学生则在下面拼命地记笔记，被动地模仿、记忆和进行古板的、孤立的、教条式的句型操练和单句翻译。这种教学方法的应试性比较明显，学生的主体地位得不到突出，无法激发出学生的学习兴趣，阅读习惯、阅读技巧等均得不到培养，学生很难积极主动地参与到课堂教学活动中来，不少学生听课时心不在焉甚至打瞌睡，费时低效现象严重。

3. 教学条件方面的问题

我国的英语阅读教学在教学条件上的问题主要表现在课程设置和教材设计两个方面。

（1）课程设置不合理

阅读教学在课程设置上的问题集中表现在教学目标与教学计划的缺失，许多院校在安排阅读教学时没有明确的教学目标，不少英语阅读教学活动被视为英语整体教学的“附属品”，背离了提高学生阅读能力的初衷。此外，很多院校的英语阅读教学在课时、教学组织和师资力量上都得不到保证，使英语阅读教学效果的改善与提高受到严重阻碍。

（2）教材结构设计不合理

我国的英语阅读教材缺乏内在的连续。具体来说，小学教材注重词汇的学习，中学教材注重语法的学习与运用，大学教材则注重阅读技能的训练。这三个阶段本来各有侧重、针对性极强，也比较符合学生英语学习和认知的规律，但是，由于每个阶段的开始和末尾缺乏与前一阶段和后一阶段的承接和过渡，导致大学英语阅读教学与中小学阅读教学严重脱节，学生也难以跟上进度，阅读能力的提高更是无从谈起。

此外，从教材内容上看，入选或入编的主题和篇章的结构性不足，所选社会科学主题、人文科学主题和自然科学主题在量的方面不均衡，主题筛选的广度和深度均有待提高。

（三）任务型教学法在大学英语阅读教学中的具体应用

1. 大学英语任务型阅读教学的设计原则

（1）真实性原则

我国传统英语教学模式的一个明显弊端是讲授内容脱离真实生活。这是导致“高分低能”现象的重要原因之一。许多学生可以在英语考试中取得满意的成绩，但是在实际的英语运用中却表现欠佳。更进一步地说，学生对一些表达方式可能非常熟悉，但是却不能使用这些方式准确、恰当地表达自己的想法，即无法实现其语言功能。

在阅读教学过程中使用任务型教学法时应当在语言形式与语言功能之间建立起联系，让学习者在使用语言形式时能感受到语言的功能以及语言与语境的关系，从而提高学习者语言表达的得体性。

（2）实用性原则

在对任务进行设计时，不仅要注重任务的形式，更要考虑它的效果，应努力避免为设计任务而设计任务，而是要使任务始终围绕教学展开。具体来说，践行实用性原则应从以下几个方面做起。

①任务的作用在于达到满意的教学效果，因此任务既要符合学生的认知特点，又必须能帮助学生理解所学知识，使学生在完成任务的过程中体会到知识的实用性。

②为提高学习者的参与性，在设计任务时要以学生的生活经验和兴趣为出发点，要有利于学习者练习、巩固英语知识与技能，从而提高他们的语言运用能力。

③任务的设计者还应充分利用有限的时间和空间，最大限度地为每一个学习者提供互动和交流的机会。

④任务的完成过程还应成为学习者扩大知识面的机会。因此任务的设计者应注重英语学科与其他学科间的相互渗透和联系，促进学生人文素养的提升。

（3）多样性原则

多样性原则包括两层含义：内容的多样性和形式的多样性。

①内容的多样性。在设计任务时，任务的主题不应千篇一律，而要经常变换，如预备性任务、目标性任务等。这既可以调动学习者的积极性，又可以向学生提供语言形式的多种展现方式，从而加深他们对语言的理解力。

②形式的多样性。我国的大部分学生在课堂上的参与度不高，为了使每个学习者都参与进来，在设计任务时应考虑使用多种形式。例如，在参与形式上，可以通过两人小组、四人小组或十人小组等。在任务的完成过程中可以安排图表、对话、问卷、协商等形式，在成果的展示环节可以安排口头报告、幻灯片展示、文字展示等。

（4）连贯性原则

任务型教学法是通过一项、一组或一系列的任务来实现教学目标的。这些任务既不是孤立地穿插于教学过程中，也不是毫无联系地堆积在一起，而是具有一定的内在联系。具体来说，每一项任务都以之前的任务为基础，同时每一项任务又是后续任务的出发点。这样，每一课、每一教学单元以及每个学期的任务就形成一个任务链，帮助学习者循序渐进地达到预期的学习目标。可见，连贯性原则就是指任务的设计应由易到难，层层深入，并充分考虑教学上和逻辑上的连贯与流畅。

需要特别说明的是，上述各原则并不是相互孤立的，而是相互影响、相互制约的。因此，在设计任务时应对它们进行综合考虑，避免顾此失彼。

2. 大学英语任务型阅读教学的实施步骤

（1）准备阶段

这一阶段的主要任务是帮助学生识别新词和短语、熟悉话题并激活相关背景知识。具体来说，教师可以采取以下措施。

①搜索、阅读背景材料

教师可以要求学生以某一话题为中心进行相关的课外搜索或阅读。这不仅可以拓展学生的知识面，还能帮助学生建立起已有知识和阅读材料之间的联系，实现知识的正迁移。

②课前演讲

课前演讲就是提供一个机会让学生来展示自己的搜索成果。这既是对学生的搜索、阅读活动的检验，又是锻炼学生表达能力的机会，还可以提高学生的课堂参与意识。其具体的操作过程是：演讲者围绕本课主题或与主题相关的社会热点问题进行五分钟的演讲，演讲结束后由听众对演讲者提问。演讲者必须做充分的准备，搜索大量的资料并对自己所讲的材料非常熟悉；听众不仅要听懂、理解演讲内容，还必须具备一定的判断、分析能力，否则无法提出有质量的问题。需要特别说明的是，为了提高课前演讲的效果，教师应对演讲时间、提问时间、回答时间及提问人数进行控制。

③分析标题

一般来说，标题是对文章内涵的高度提炼和对文章主题的重要诠释。通过对标题进行分析，可以预测出文章的框架结构、写作思路以及材料的大体内容。

④分析插图

随着时代的进步，越来越多的教科书都开始配备插图。此外，插图的功能也逐渐发生变化，不再是可有可无的内容，而是成了教材必不可少的一部分，有的甚至承担起提供信息的重要功能。因此，对插图进行分析具有重要的意义。

⑤运用头脑风暴法

头脑风暴法的操作步骤是：首先由教师确定与阅读材料主旨相关的关键词，然后让学生在短时间内列出与之相关的词语。这可以帮助学生在大脑中快速提取对某一关键词的背景知识。

⑥提问与讨论

首先，由教师向学生提出与阅读材料相关的问题。教师在设计问题时要将文章内容与学生的知识、经验、兴趣有机结合起来。其次，学生可就教师的问题进行讨论。在讨论的过程中，思想的碰撞可以帮助学生深化认识。此外，讨论还可以创造活跃的课堂气氛，并激发学生的阅读兴趣。需要说明的是，教师可以根据阅读材料的不同对上述方法进行自由组合。

（2）实施阶段

根据阅读的过程和意义，这一阶段的活动可以分为以下三个环节。

①表层阅读

表层阅读由学生独立完成。教师的任务是通过问题来引导学生的阅读，并对阅读过程进行监控、指导，以保证学生的阅读能达到预定目标。同时，教师还应通过学生的问答来对阅读成果进行检验与评价。可见，虽然表层阅读是学生的个体性活动，但这个环节仍然有师生之间的互动。

②深层阅读

深层阅读常常以小组活动的形式来展开，其重点不是词汇、语法的讲解，而是对阅读材料进行语篇分析。具体来说，教师应对阅读材料的内容与结构进行整体性的分析，帮助学生把握文章的脉络与框架。此外，勾画结构图是一种简洁有效的方法，有利于学生在大脑中建立起阅读材料的轮廓。

③课文巩固

这一环节不同于传统教学模式中的练习。练习并无实际的语言意义，只是为了练习语言形式。而任务型阅读教学的课文巩固环节是为了巩固语言意义而展开的活动，且以现实场景为背景。

课文巩固常常采取讨论和补全信息的方式，且多以小组活动或班级活动为主。具体来说，学生在一个真实的语言环境中将所学知识加以运用，从而可以在知识与功能之间建立起联系。

（3）补充阶段

在这一阶段，教师可以采取以下几种方式。

①复述课文

复述不是对课文的简单背诵，而是在对阅读材料进行全面理解的基础上的二次加工。复述体现了学生对阅读材料的认知、理解、推理、归纳、表达、再现，可以锻炼学生的综合语言运用能力。为了进行复述，学生除了要从音、形、义等方面来深化对单词、词组以及习惯用语的掌握外，复述还使新学的语言知识、材料的重点内容得以重复，学生会在语言实践的过程中不知不觉地提高表达的熟练度，深化对材料内容的理解。与此同时，学生的阅读能力与口语表达能力也随之提高。

②主题辩论

大学生具有一定的英语基础，同时对许多问题都有自己的观点并愿意发表见解。因此，进行主题辩论既符合他们的性格特点，又可以调动他们的积极性。具体来说，首先由教师与学生共同从阅读材料中选取一个或若干有争议的观点，然后由学生分正反两队进行辩论。这不仅可以深化学生对阅读材料的理解，还为他们提供了将所学内容投入实际运用的机会。此外，在辩论过程中可以听到不同的声音，这对于开阔他们的思路，提高他们的思辨能力大有裨益。

③角色扮演

角色扮演是指通过学生对课文内人物进行扮演的方式来帮助学生内化阅读材料的一种

活动。通过角色扮演，学生可以真切地感受到语言与人物特点、具体环境以及故事情节之间的关系，从而深化对语言的理解。为了取得满意的表演效果，学生还需要对人物心理进行揣摩，非常有利于学生探究能力、创新能力的提升。此外，角色扮演不是一个人可以完成的，学生在与其他演员以及后勤人员的合作过程中还能克服害羞心理、提高团队意识、提升自我评价并形成正确的情感与价值观。

④项目化作业

为了巩固学生的知识与能力，教师可以为学生安排各种形式的项目化作业。所谓项目化作业是指与所学内容紧密联系的、由若干相互关联且围绕某一任务所构成的一组语言运用活动。

教师在设计项目化作业时应考虑两个因素：一是阅读材料的教学目的，即通过学习学生应掌握哪些知识与技能；二是阅读材料的特点，这决定了选取哪种形式的项目化作业。

项目化作业既可由个人完成，也可由小组完成。常见的形式包括社会调查型和问题解决型两种。项目化作业将机械学习变为有意义的学习，既可以巩固所学知识，又为学生提供了展示平台。

（四）任务型教学法在大学英语阅读教学中的优势

任务型教学法可以增加阅读教学过程中的趣味性，提升学习者的积极性与参与度。此外，任务型教学法还为学习者提供了理解、使用语言的机会，从而可以达到满意的教学效果。具体来说，任务型教学法在大学英语阅读教学中的优势主要体现在以下三个方面。

1. 有利于提高学生的阅读理解能力

随着语言学及相关理论的发展，人们对于阅读教学规律的认识也日益深入。下面介绍几种较有影响的观点。

（1）语言学

教师应该给学生提示以便学生可以预测所读内容，这将使他们成为更好、更积极的阅读者，如果学生利用教师给出的提示来对文章内容进行预测，就可以激活自己已有的背景知识。同时，他们的预测将会在后续的阅读过程中得到验证。

（2）知识结构理论

人在看到文字符号时之所以能够理解其所蕴含的意义，除了依靠一定的语言知识外，还与一个人的知识结构有很大关系。与阅读有关的知识结构包括阅读者全部知识结构的总和，即对所学语言国家的社会和文化背景知识的掌握、对所读材料内容的熟悉，个人的生活经验、生活常识、逻辑知识和语言知识修养等方面。一个人的知识结构越庞大，其阅读单位就越大，难度也随之降低，速度因此而加快。

（3）图式理论

图式理论认为，阅读理解的过程是读者的背景知识与文本信息相互作用的过程。对阅读有影响的图式共有三种：语言图式、内容图式和形式图式。具体地，语言图式指读者的语言知识，如词汇、短语、语法等；内容图式指读者对阅读材料的主旨或背景信息的熟悉程度；形式图式指读者对阅读材料的体裁的熟悉程度，即是否了解该类文章的语言特点与框架结构。

（4）二语习得理论

由于第一语言与第二语言在思维模式上存在很大差异，阅读者在阅读由第二语言表述的阅读材料时，仍会受到第一语言思维习惯的影响。此外，语言是社会文化的反映，对文化背景的熟悉程度也会影响对阅读材料的理解。由于思维模式的影响，以及不熟悉第二语言的社会文化背景，理解上的错误就在所难免。

传统的阅读教学模式由于忽视了阅读教学与阅读学习的内在规律而难以达到满意的教学效果。具体来说，许多教师没有认识到背景知识对阅读理解的重要性，往往忽略了背景知识的激活而直接进入阅读教学的环节。有的教师虽然能有意识地帮助学生进行课前准备，但其活动也仅仅限于提出一些与课文有关的问题，或者帮助学生进行词汇、语法知识的预习。

相比之下，任务型教学法通过任务的设计不仅可以激活学生的语言图式，还可以唤醒内容图式与形式图式，带动学生大脑进行积极主动的思考。在思考过程中，学生可以在已有的生活、学习经验与阅读材料之间建立起联系，从而可以更加深入地理解阅读材料的写作思路、整体框架以及写作意图，提高阅读理解能力。

2. 有利于提高学生的阅读技能

有效的阅读理解离不开阅读技能的正确使用。在任务型教学法的过程中，学习者为了完成既定的任务，如回答问题、完成图表、列出线索等，必然要综合运用各种阅读技能来对阅读材料进行理解、加工，如主题句、提取有用信息、判断信息正误、按一定规则将信息排序等。这就为学习者提供了大量使用各种阅读技能的机会，进而促进他们阅读技能的提升。

任务型教学法可以帮助学习者提高以下三种阅读技能。

（1）略读

略读是一种选择性阅读，其目的是在短时间内了解文章的大意或中心思想，因而并不要求学生逐词逐句地阅读，而是可以有意识地略过一些词语、句子，甚至段落。略读时应对关键词、关联词、大标题、小标题、黑体字、斜体字、画线部分以及首段、末段等信息给予格外关注。

（2）跳读

跳读是为了根据问题寻找答案，准确定位详细而又明确的信息，因此没有必要逐字逐句、从头到尾通读下去。跳读有利于培养学生的比较与筛选的能力，也有助于提高学生解决问题、处理信息的能力。

（3）扫读

扫读时没有必要仔细阅读整篇文章，只需从上至下迅速搜索所需内容即可。这种寻找文章中特定信息或特定词组的方法，能有效提高阅读的速度和效率。在扫读的过程中，学生可以忽略那些与题目无关的信息，积极寻找与题目要求相关的信息。

3. 有利于提高学生的人文素养

任务型阅读教学法有利于培养学习者的主体意识、创新意识与合作意识，从而提高他们的人文素养。

（1）任务型教学法坚持以学生为主体，符合“自主建构”的教学论。在任务型阅读教学的过程中，学生的主体地位得到充分尊重，主观能动性得到充分发挥，因而可以建构和丰富自己的语言能力。此外，任务型阅读教学重视过程性目标，强调形成性评价，关注学习者的情感体验，这种开放的环境能鼓励学生最大限度地发挥自己的潜力。

（2）任务型阅读教学有利于培养学生的创新精神与实践能力。根据教育心理学的观点，学习方法包括接受性与发现性两种。接受性学习以人的客观性、受动性和依赖性为基础，发现性学习则更加关注创新精神和实践能力的培养。任务型阅读教学是一种发现性学习，有利于培养学习者的实践、创新的意识与能力。

（3）任务型阅读教学为学习者提供了与他人进行沟通、协调的机会。任务的完成离不开小组内部、小组之间或课堂内外的沟通与合作，学习者既要清楚明白地表达自己的意见，还要理解他人的看法，更要学会与他人进行意见的沟通、处理与协商，这对培养他们的合作意识和团队精神有着巨大的促进作用。

四、任务型教学法在写作教学中的应用

写作体现着学生英语语言的综合运用能力，它能检测学生语言使用的准确性、适切性

和流利性。同时，写作也是学生学习过程中的薄弱环节。为了加强学生的英语写作水平，提高英语写作教学效率，有必要在大学英语写作教学中引入这种新型有效的教学法——任务型教学法。

（一）大学英语写作教学的目标与内容

1. 大学英语写作教学的目标

针对大学英语写作教学的目标，具体包含以下三个层次的要求。

一般要求：

（1）能掌握基本的写作技能。

（2）能写常见的应用文。

（3）能描述个人经历、观感、情感和发生的事件等。

（4）能在 30 分钟内完成不少于 120 词的一般性话题的短文，且中心明确，结构完整。

较高要求：

（1）能就一般性主题表达自己的观点。

（2）能描述各种图表。

（3）能写所学专业的概要。

（4）能写所学专业的英语小论文。

（5）能在 30 分钟内完成不少于 160 词的短文，且内容充实，条理清晰，语句简洁流畅。

更高要求：

（1）能以书面形式比较自如地表达个人的观点。

（2）能用英语撰写所学专业的简短的报告和论文。

（3）能在 30 分钟内完成不少于 200 词的各类作文，且逻辑性强，观点明确。

2. 大学英语写作教学的内容

（1）结构

①谋篇布局

谋篇布局是写作的必要前提，写作者可以根据写作目的选择适当的扩展模式。从篇章结构上看，结构是：引段—支撑段—结论段。而从段落的结构上看，结构则是：主题句—扩展句—结论句。但谋篇布局并非一成不变，而是根据题材和体裁的不同而不同，在不同的文章中，主题句、扩展句及结论句的作用是不尽相同的。例如，在说明性文章中，主题句主要用于介绍主题，扩展句用于时间、重要性等顺序扩展细节说明主题，而结论句则用于重述主题、描述细节。在议论文中，主题句主要用于陈述读者认为正确的观点，扩展句是以说明的顺序扩展细节阐述原因，而结论句则重点用来总结或重述论点。

②完整统一

文章的完整统一指的是文章中所有的细节如事实、原因、例子等，都要围绕主题展开，所有的信息都要与主题相关，与内容切题。任何偏离主题的句子都要删除，同时保持文章段落的完整性。

③和谐连贯

在写作过程中，必须注意文章的连贯性和逻辑性，保证句子与句子之间紧密相连，内容之间衔接流畅，段落与段落之间环环相扣，使整篇文章流畅自然、和谐统一。其中，使用恰当的连接词可以保证句子严谨、段落紧密和行文流畅。此外，过渡词语可以起到增强文章连贯性的作用，在写作中也要恰当地使用过渡词语。

（2）句式

英语中句式的种类多种多样而且形式繁多，常见的句式有强调、倒装、省略等。掌握多样的句式是写好文章的关键，所以让学生加强句式练习是很有必要的。

（3）选词

选词也是大学英语写作教学的重要内容。选词体现着个人的风格，也是作者与读者之间交流的方式之一，因此词的选择要考虑语域的因素，如褒义词与贬义词的选择、具体词与概括词的选择、正式词与非正式词的选择、形象词的选择以及拟声词的选择等。

（4）拼写与符号

拼写与符号属于写作的基础知识，却对写作有着重要的影响，也是大学英语写作不可或缺的内容。所以，在设计写作教学方式和内容时应将拼写和符号这些因素考虑进去，以提高学生写作的效果。

（二）大学英语写作教学存在的问题

1. 学生方面的问题

（1）文章内容空洞

英语写作不仅需要丰富的语言知识，还要具有广博的背景知识，这样才能使写作的内容言之有物。但现实情况是，大部分学生都缺乏这种综合知识，再加上缺乏实际生活需要的语料，导致了作文内容单薄、肤浅，细节不足，深度不够，最终影响了文章的整体质量。

（2）结构套用情况严重

在多数考试中，写作都是一道独立的并且分数不低的题目。在考试之前，很多学生由于缺乏必要的练习，而将希望寄托于各种作文模板。不可否认这些模板对学生的写作具有一定的积极意义，如这些模板为学生列出了各类文章的结构框架，能够提醒学生在写作时注意文章的整体框架并能在一定程度上增强文章的连续性。但是，这些模板也存在较大的弊端。很多学生由于写作基础薄弱，只是机械、生硬地套用模板，而没能真正理解如何安排组织段落和恰当使用连接词，因而经常出现连接词误用、段落衔接不自然等问题。

（3）汉语思维痕迹明显

我国学生大部分都是在汉语环境下学习英语，其思维势必会受到汉语的影响，因此学生的写作中经常表现出明显的汉语思维痕迹，而且表达比较混乱。具体而言，由于语言功底不扎实，很多学生在找不到恰当的词来表达自己的想法时，就容易受母语的影响，用汉语思维来组合英语词汇，从而造成“中式英语”的情况频现。

2. 教师方面的问题

（1）教学方法缺乏创新性

受学时的限制以及大学英语四、六级考试的影响，在目前的大学英语写作教学中，教师仍然采用传统的结果教学法实施教学，即在课上向学生提供不同类型的范文，稍加讲解之后要求学生参照范文模仿，并要求学生在规定的时间内利用课外时间完成写作任务，最后由教师进行批改和讲评。这种教学模式注重写作的结构，而忽视了师生、生生之间的交流以及写作过程中对学生写作兴趣的激发和培养。长此以往，学生就会对英语写作失去兴趣，写作能力自然也就得不到提高。

（2）批改方法欠科学

缺乏科学有效的批改方法也是导致学生写作能力不佳、写作教学停滞不前的重要因素。往往在学生提交作业后，教师都会将注意力放在学生的表达错误上，如语法错误、拼写错误、词语用法错误等，却忽略了对作文中结构结果及篇章结果的评价，这样的批改方式会误导学生过于注重细节问题而忽视对文章整体的把握，从而影响学生写作能力的整体提高。

（三）任务型教学法在大学英语写作教学中的应用

在大学英语写作教学中应用任务型教学法不但可以解决大学英语写作教学中存在的诸

多问题，而且还能促进大学英语写作教学的改革，使其更加有效。下面就来了解一下任务教学法在大学英语写作教学中的具体应用。

1. 大学英语任务型写作教学的设计原则

（1）强调“做中学”原则

在大学英语任务型写作教学中，教师必须从学生“学”的角度出发来设计任务活动。人本主义心理学十分注重心理因素对学习过程的影响，因此必须重视学生的情感、意愿、需求等。也就是说，在任务型写作教学中，教师的活动设计要基于学生需求分析，要充分考虑学生自己的需求以及社会对学生的需求。一旦教师所设计的任务活动满足了学生的需要，就会激起学生积极性，学习效果自然也就会不断改善。

（2）以学生为主体原则

在设计写作任务时，教师要明确学生的主体地位，让学生成为活动的主角，让任务型写作教学成为学生主动、探索的认知体验过程。学生在体验的过程中会将注意力转到写作的过程上，并创造性地运用所掌握的语言。这样，学生的写作能力会在不知不觉中得到提高。

（3）阶梯性原则

阶梯性原则是指教师在设计写作任务时要注意由易到难、由简到繁、层层深入、环环相扣，形成一个任务链。这样可以对学生的要求逐步提高，并能适应不同层次学生的需求。而且，这种教学方式使得每个学生都有事可做，并且也能通过不同难度的任务来获得知识积累经验，享受完成任务后的喜悦。

2. 大学英语任务型写作教学的实施步骤

我们通过具体实例：2011 年 5 月英语四级考试真题作文，来说明任务型教学法的具体实施过程。

（1）准备阶段

在这一阶段，教师首先要引入写作任务，以明确任务目标，调动学生的写作热情。在目前的大学英语写作教学中，学生写作主要是为了考试，因此普遍存在畏难情绪，对写作缺乏热情，而激发学生写作的热情和动机就成了任务设计的关键。该项任务选自大学英语四级真题，主要是因为它的写作要求明确，目的性强，而且是现在社会的热点话题，贴近学生生活，能引起学生的写作兴趣。具体来讲，活动形式为小组讨论活动。小组学生就三个方面的话题进行讨论（网上购物成为时尚的现象；网上购物存在的问题；我的建议），然后得出结论，列出口头报告提纲。

在该阶段，教师要鼓励学生畅所欲言，用英语正确地表达自己的思想，努力营造轻松的氛围，激发学生的参与性。这一环节给了学生充分合作的机会，让学生相互讨论，共同进步。同时，学生在这一过程中也积累了必要的词汇和句型，为接下来的写作奠定了基础。

(2) 实施阶段

在这一阶段，学生要完成书面任务。具体分为以下三个步骤。

①执行任务，即学生按照真题题目，根据上一阶段口头讨论的结果，总结出优点与缺点，然后列出各个段落的主题句，各自完成初稿写作。

②各小组学生完成初稿之后，就各自写作的心得进行交流和讨论，然后准备向全班汇报任务完成的情况。

③学生汇报任务完成情况，并根据作文要求进行评判，最后提交一份作文成稿。

(3) 补充阶段

这一阶段是写作任务的分析和总结阶段。具体包含以下两个方面。

①分析

教师与学生进行互动，各小组轮流汇报任务执行的情况，学生和教师共同评价。评价的标准为语言准确、内容切题、结构合理。之后，教师向全班学生呈现优秀范文，同学共同参与分析，进而总结出范文模板。

②操练

在这一环节中，教师留给学生充分实践的时间，让学生采用不同的方式学习范文以及范文中的较好的遣词造句。在该环节中不必要求每一位学生都背诵范文和模板，因为不同的学生消化吸收能力是不同的。最后，教师根据任务的总结情况布置课下任务对作文进行修改，并练习相关话题的写作。

(四) 任务型教学法在大学英语写作教学中的优势

1. 学生认识到写作的价值

在传统的英语写作教学模式中，教师是教学的中心，注重的是学生的最终写作成品，关注的重点是纠正学生的错误。这样不仅容易打击学生的积极性，也会误导学生认为写作的目的仅仅是应付教师评阅，而不是与他人进行有意义的交流。而在任务型教学中，学生是教学的中心，教师对学生的学习起指导作用，注重的是学生的写作过程。这种新型的教学模式能有效激发学生学习的热情和主动性，并能使学生意识到写作的过程即交流的过程。

2. 改善师生与生生之间的关系

在传统的英语写作教学中，师生与生生之间缺乏有效的沟通与合作，教师只注重对学生错误的纠正，进而使学生在心理上产生畏难情绪，学生之间只看重分数上的竞争，也很少相互交换作文进行修正，缺乏学习和思想上的交流。而在任务型写作教学中，师生之间以及生生之间都是在互动中共同发现问题、解决问题，相互协作，一起进步。这样不仅可以融洽师生关系，还能使学生在相互讨论的过程中提高彼此的认知能力，加深友谊，增强合作的意识。

3. 减轻教师的负担

在传统的写作教学中，教师通常会花大量的时间和精力来批改学生的作文，这种“保姆式”的教学法不但加重了教师的负担，也助长了学生的依赖情绪，甚至会养成学生敷衍了事的习惯。而任务型教学法主张学生之间互相修改文章，这不仅调动了学生的积极性，还能帮助教师完成一些基本的评阅任务，为教师腾出更多的时间用以关注学生写作中更深层次的东西。

4. 提高学生的综合技能

任务型教学法注重师生之间与生生之间的交流与合作，在这样的教学模式下，写作不再是一种枯燥的劳作，而成了与他人分享思想与经验的愉悦过程。并且，在这一过程中，书面语和口语都成了交流的工具，在此过程中学生不仅可以锻炼写作的技能，其口语能力也都会得到显著提高。

第三节　高校英语任务型教学评价

教学评价是英语教学中不可或缺的一个重要组成部分。教学评价对教学具有导向作用，对教师和学生总结经验、吸取教训、改进未来的教与学具有很大的指导意义。同样，大学英语任务型教学也必须认真研究教学评价的发展趋势，了解任务型评价的含义和特点，并依据科学合理的原则设计出合适的评价方式。

一、终结性评价与形成性评价相结合

终结性评价在我国实施多年来，其弊端逐渐被人们所注意。在新教学理念的影响下，

人们开始关注形成性评价的作用和实施，并注意在教学评价中结合这两种测试方式，以使测试结果更加真实、客观。因为社会在发展变化，仅仅依靠一个分数就决定学生的整体发展情况十分不利于促进学生学习的发展，而终结性测试与形成性评价的结合可以更好地反映学生的学习水平。

在测试中，形成性评价主要检测学生学习过程中的发展情况，而终结性测试则主要检测学生的学习结果。一般来说，形成性评价成绩在总成绩中所占比重更大，通常达到六至七成，终结性测试则占三至四成。

（一）形成性评价的优势

1. 可评估学生的学习过程

形成性评价侧重在学生的学习过程中搜集能够反映学习情况的资料，这将有助于教师了解学生整个学习过程中知识的掌握程度、能力的发展情况、学习的新需求以及学生的兴趣和潜力。由此可见，形成性评价是对学生学习过程中的评估，如学生每学完一个学期、一个学年都有相应的成绩记录，最后通过这个成绩记录得出一个学生实际学习水平的分数。如果第一个学期成绩不理想，第二个学期教师可以根据学生学习中存在的问题进行针对性培养，在这个学期帮助学生将成绩赶上去。

2. 重情感与行为能力评价

除认知能力外，形成性评价还重视对学生情感和行为能力的评价。它可以将学生的自我评价和相互评价结合起来，让学生在自我评价中不断反思和进步，进而形成自主学习的能力。学生能够得到一个更加广阔的发展空间，从而在学习过程中充分发挥自己的主动性、积极性和创造性，同时还培养了学习兴趣，增强了学习动机，提升了学习的自信心。可以说，形成性评价为学生提供了不断自我完善的机会，是引导学生健康成长的一个最佳方式。

3. 评价内容全面、准确

（1）形成性评价避免了终结性评价数量有限的评价媒介，因而评价的内容和范围也较为全面。

（2）形成性评价打破了考试这种评价方式单一的局面，丰富了教学评价的方式使其更加多样，使评价的内容更加全面，结果更加真实。

（3）形成性评价使教师和学生更加关注学习过程中的发展变化，这样的评价结果不仅比终结性评价更加准确，还有助于激励学生积极主动地学习。

（二）形成性评价+终结性评价

大学英语教学的主要目的是培养学生的自主学习、思维方式以及学习方法的形成等，教师主要起引导和启发作用。这时的语言评价需要注重学生逻辑、判断、批评以及创造性思维等方面，关注学生运用语言的流利性、准确性以及得体性。因此教师应多观察学生的课堂和平时表现、作业完成情况并辅以期末考试，使评价结果更加真实地反映学生的实际状况。

（三）语言评价上的体现

1. 理论上的体现

随着社会需求的变化，现代英语教学将重点从语言知识转向了语言的使用。与此同时，教学评价也从之前单纯关注语言系统的学习到现在关注语言系统运用和语言文化的得体性，即加入了文化因素，使学生认识到语言学习过程中文化因素的重要性，并掌握一定的文化知识。

2. 技能上的体现

现代英语教学评价从过去只关注个别技能的考查转向多项技能的考查，即从孤立测试单项的语言技能转向多项技能的混合测试。例如，原来只测试阅读，现在将听、说、读、写、译综合在一起测试，以此来培养学生各项语言技能的全面发展。需要指出的是，语言技能的评价应该以日常生活中使用的真实语言为测试语言和测试标准。

3. 题型上的体现

测试题型通常可以分为客观题和主观题两种，这两种题型各有优劣。客观题易评分难设计，信度高效度低；主观题难评分不易设计，信度难以保证。根据这些特点，现代英语教学评价趋向于增加主观题，减少客观题尤其是多项选择题。因为这类试题很难测出学生真实的学习成绩和语言运用能力，可以说有害无利。测试的目的就在于反映学生的语言能力，能尽量表现出他们实际使用语言的能力。因此，测试题型必须能够直接、简单地体现学生对所学知识、技能的掌握程度，测试题目也必须与学生的实际生活息息相关。

在评估测试中，学生要运用高层次的思考能力（如分析、综合、评判等），不能仅仅重复简单地记忆。“以能力表现为基础的评估方式可作为转变传统学校模式的杠杆，即从过分注重知识记忆与考查的模式转为学生成为积极学习者和注重发展语言运用能力的新模式。”显然，教师需要花费更多的时间和精力来进行能力表现评估，以使其对英语教学发挥最大的导向作用。

二、间接测试转向直接测试

（一）间接测试

1. 间接测试的定义

间接测试是通过对语言知识的考查来评判学生语言学习效果的一种测试方式。那些关于词汇、语法的选择题、填空题、改错题都属于间接测试。这种测试方式不是直接去考查学习者在实际语言运用过程中的表现，而是采用间接的方式，通过一些客观题如选择填空等从学生所掌握的知识中来推断他们的语言运用能力。例如，英语语法测试考查的是受试者对英语语法知识的掌握情况，涉及内容众多。语法测试通常根据英语教学大纲，对语法点进行分类、取样，用以测试，测试者可根据测试结果判断受试者对测试涉及的语法知识点的掌握情况，但语法测试得分高并不意味着受试者的语法一定很好。因为测试不可能包括一切内容，测试结果不能代表受试者对所涉及内容的掌握情况。而且试题类型对测试结果也有一定的影响，受试者究竟是真的因为掌握了该知识点才答对题目，还是由于偶然蒙对了题目，这些都不得而知。

2. 间接测试的优点

客观与方便是选择填空等客观测试方式的优势，尤其是在人数众多的中学毕业和高校招生的考试中，这种客观性标准化试题的优点得以非常明显的体现。学生在考试中只要把试题写到答题卡上，考试完之后通过机器扫描答题卡就可以快速得出考试的结果。许多心理测量专家和语言测量专家都对这一方式进行了研究，试图推断学习者的实际语言能力，但均不能得出可靠的结论。因为在这一测试过程中，专家无法实际观察到受试者的语言能力表现。就如同人们考取驾驶执照一样，如果没有路考，警察无法判定一个在驾驶理论考试中得满分的人是否真的具有驾驶汽车的能力。很显然，一个人如果想要拿到驾驶证，就需要其在实际的路考中完成各种必须完成的任务，才能确认是否能给予这个人驾驶证。换言之，路考的目的就是考查一个人的“能力表现”。

3. 间接测试的缺点

间接测试的缺点具体表现在以下三个方面。

（1）间接测试使得课堂教学的活动集中在语言知识的讲解和语法结构的分析上，而不是语言技能的运用和交际能力的培养上。

（2）间接测试迫使教师不得不将所有教材中涉及的语言知识都给学生讲解清楚，而在内容上则侧重零碎语言知识的记忆以应付考试。

（3）间接测试导致教师和学生把大量的课堂教学时间用在应付这类测试上，很少用在培养学生语言运用能力上，因而难以取得理想的教学效果。

这一考试方式带来的更为严重的负面影响，是令教师和学生认为学习语言意味着记忆一系列有关语言的知识。

（二）直接测试

直接测试是指测试结果能直接反映受试者某方面语言能力的测试。换句话说，直接测试主要考查学生实际运用语言的能力，它要求学生使用已掌握的知识去完成各种各样的任务，这些任务应该能够揭示学生所知道的知识和运用这些知识做事的能力。这样的评价方式就是能力（行为）表现评价。例如，让受试者用英语讲一段内容连贯的话或写一篇英语短文都属于直接性测试。主考官根据受试者的口头/书面表现对受试者的英语口头/书面表达能力进行评价。这类直接性测试的优点是效度好，测试结果能够直接反映测试目的；缺点是信度差，测试评分受主考官主观因素的影响较大。

第四章 高校英语多元互动教学法

第一节 多元互动教学模式的目标

一、多元互动教学模式的目标

（一）拓宽教学信息传递的渠道

用信息论的观点来看，教学的过程实质上是一个信息传导的过程，是在有效的教学时间内通过一定的信息传递、交换、储存、处理，促使学生构建新的知识体系，形成新的知识技能。在有效的教学时间中学生通过分析、处理，整合师生间、生生间以及周围环境间的学习信息，增加自身的信息承载量，形成有效的知识体系和情感体验，实现发展。

时代的发展呼唤培养具有开拓精神和创新精神的人才，而传统教学模式中“一支粉笔，一块黑板，教师张嘴说半天，一本教材读半年”的单一化的信息传递方式和信息传递渠道，从根本上违背了学生的认知规律，限制了学生的个性化发展和思维发展，已远远不能适应培养创新型人才的需要。因此，创新教育要求建立发挥学生主体作用，变单一的教学信息传递方式为多向传递方式、变课堂为师生生命激扬的学堂，注重教学过程、能力培养，鼓励学生积极参与、主动学习的新型的课堂教学结构。

多元互动教学模式下的课堂教学适应时代发展的要求，以学生的全面发展为本，努力培养综合型、开拓型与创新型人才。因此，在教学中，该模式能突破课本内容的局限，充分调动学生的生活体验和已有的知识基础，大容量、大面积、高效率地使学生掌握更多的知识，增强知识间横向、纵向的联系，拓宽教学信息传递渠道，引导学生开阔视野、拓展思维，从而发展智力、升华情感、激发创造力。

1. 重视课堂教学中的多向交往，拓宽信息传递渠道

传统的课堂教学中，教师占据课堂的主阵地，在教学中履行着“传道、授业、解惑”

的职责，但这种教学方式往往是一种单向的信息交流方式，不利于学生广泛、有效地接受和处理学习信息。多元互动教学模式下的课堂教学中，教师与学生、学生与学生、学生与环境之间的互动交往构成一种多向交往关系，这种积极的多向交往关系具有主动性、探究性、情趣性、差异性、启发性等特点，能够满足学生的求知欲，发挥学生的主观能动性，提高学生的探究能力和处理信息的能力，锻炼学生分析问题和解决问题的能力，促进学生思维的发展。因此，教师要重视课堂教学中的多向交往，促进积极的互动交往关系的形成，营造良好的学习和探究的氛围，为学生的发展搭建舞台。

2. 重视学生已有的生活体验，建立有效的生活信息传递渠道

新课程改革提倡学生在生活实践和生活体验中学习知识，激发情感。学生的生活领域是广阔的，涵盖了很多的内容，有许多学生在课本上学不到的知识。多元互动教学将课堂教学与学生的生活紧密地联系在一起，创设生活化情景，让学生在生活体验中掌握知识，激发灵感，在生活体验中学习和建构，从而使知识学习和生活体验有效地串接起来，使学习信息传递渠道畅通无阻。

3. 在有效的互动交往中打通知识的生成渠道

学生之间存在着差异，这种差异同样是一笔财富。差异能够促使学生产生认知冲突，能够在争论和研讨中，促使新知识的出现。师生在思维碰撞中，相互启迪，相互借鉴，为自身发展创造更多的机会和条件。学生间的思维差异性促使思维火花的生成，为学习的深入创造新的支点，也能为培养学生创新能力打下基础。因此，多元互动教学模式的课堂教学要求教师应积极创设情景，发挥学生的主体作用，促进形成师生间有效的互动交往关系，打通知识生成的渠道，培养学生的创新精神和实践能力。

（二）丰富教学信息传递的内容

在传统的教育教学中，教师仅仅是机械地向学生讲授教材内容，学生也是被动地、机械地接受教师传授的一些固定化的知识，知识的学习与社会的发展脱节，学生难以知悉或者滞后知悉社会和科技发展的新成果，这不利于学生学习的拓展和深化。

新课程改革要求师生在教学中注重知识和技能、过程和方法、情感态度和价值观等三维目标的达成。因此，多元互动教学模式下的课堂教学遵循教育发展的要求，丰富了教学信息传递的内容，主要包括三项。

1. 知识技能的传递与交流

多元互动教学模式下的课堂教学重视基础知识和技能的掌握，注重夯实学生的学习基

本功，为学生创新能力的增强打下坚实的基础。因此，多元互动教学模式下的课堂教学通过丰富多彩、实际有效的教学活动，激发学生的学习兴趣，促进学生积极建构知识体系，为提高学生的综合能力和综合素质奠定基础。

2. 思维的碰撞和情感的升华

多元互动教学模式下的课堂教学注重展现学生完整的思维过程，努力为学生营造一个自由驰骋的思维空间，让学生在思维碰撞中掌握科学的思维规律和灵活、正确的思维方法，使学生在思维的互动和交流中认识自我、完善思维、实现发展。多元互动教学模式下的课堂教学同样注重学生的情感体验和情感的升华，努力营造一个充满情感律动的“情感课堂”，促进学生建立积极的学习情感和学习需求，让学生体验学习的愉悦，在学习的激情中产生创造的需求。

3. 学习方式的变革与完善

多元互动教学模式下的课堂教学，注重培养学生逐渐形成自主学习、探究学习、实践学习、合作学习的新型学习方式。学习方式的变革对培养学生的创新精神和实践能力，以及学生的个性和潜力的发挥均具有重大意义。

（三）实现课堂教学的双赢互惠

当今社会，不会合作的人就不能很好地生存。现在人与人之间的交流与合作，越来越趋向于双赢，鼓励合作学习，促进学生之间的相互交流、共同发展，促进师生教学相长。因此，只有实现教师与学生的共同成长、师生与课程的共同成长，才是成功的教育。

多元互动教学模式下的课堂教学的“双赢互惠”，一方面，是指学生在互动合作过程中既是受益者，又是贡献者。每一个学生都是受益者，他们在课堂教学中不同程度地得到他人的帮助，既有知识和技能上的提高，又有情感体验的提升，同时也潜移默化地影响着每一个学生的个性和潜质；每一个学生又都是贡献者，因为每一个人都为对方提供了思维拓展和实践的机会，而合作最终能使双方共获成功、共享结果。另一方面，多元互动教学模式下的课堂教学是“教”与“学”的互动、交往，师生双方相互交流、相互沟通、相互启发、相互借鉴，在教学过程中教师与学生分享彼此的思考、经验和知识，交流彼此的情感和生活体验，从而大大丰富了互动交往的内容，拓展了彼此的认识，实现了教学相长和共同发展。

多元互动教学模式是教师以新课程改革的基本理念为指导思想，坚持学生在学习过程中的主体地位，构建出的一种新的课堂教学结构。它以激发学生的学习兴趣为前提，以问题的提出为核心，以实现师生共同发展为最终目的，倡导自主学习、探究学习和互动合作学习。多元互动教学模式致力于教学方式和学习方式的变革，让学生真正成为学习的主人，力争让学生的生命潜能和创造精神在丰富多样的自主学习、探究学习、合作学习中获得充分释放，让课程焕发出生命活力。同时，教师也在生命激扬的教学中实现自身的专业化发展。

二、多元互动教学模式的原则

传统的课堂教学中一直存在着“讲解—接受”型的教学模式，这种教学模式是一种面向过去的、以继承为主的知识教育，其对于引导学生创造性地运用知识解决问题、创造性地发展自己有诸多不利。多元互动教学模式致力于在课堂教学中改变学生被动接受的教学状态，倡导师生、生生间的平等对话，使学生积极参与、主动思考、发现问题、解决问题，让学生成为学习的主人、探究的主人，从而提高学生的综合素质。

多元互动教学模式的原则就是在课堂教学中，实现师生多向互动交往和学生主动发展，具体包括以下几点。

（一）主体性原则

现代教学论强调师生共同构成教学活动的主体。因此，主体性原则，一方面，在多元互动课堂教学中，要充分发挥教师的教学主体作用。教师应深入挖掘教材的精髓，积极开发课程资源，全面了解学生的认知能力、思维状态和情感基础等情况，创设有利于学生发展的教学情景及教学环节，制定有效的教学方略。另一方面，在多元互动课堂教学中，要充分发挥学生的学习主体作用。学生自觉、积极、主动地参与教学活动，通过师生、生生间知识的交流、思维的碰撞、情感的交融，学生主动链接自己的生活世界和情感世界，探索周围的社会环境和自然环境，并能根据环境的要求自主选择目标、自主探索、自我调控、自我评价，最终实现自我发展。

主体性原则要求教师充分发挥自己的教学主导作用，善于创设适宜的互动情境，给学生以自主选择的空间，以使他们的主体性得到发挥。主体性原则还要求学生由过去的被动接受转变为主动探究，充分调动自己已有的生活经验和知识技能，大胆质询、敢于实践、勇于创新。

遵循主体性原则，教师在教学中要做到以下四点。

1. 掌握教学的主动权

多元互动教学模式主张教师在教育教学中处于主导地位，应掌握好教学的主动权。这主要表现在教师享有教学计划和教学设计调整的主动权。教学计划和教学设计都带有预设性，但由于教学主体处于开放的“教”与“学”状态，因此，会生成许多预设以外的内容，教师有权根据“教”与“学”的需要对教学计划和教学设计进行调整，使之更加适应学生学习的需要。教师享有学科整合的主动权。教师在教学中，可以根据教学的需要对教材进行删减、调整，或有机整合各学科的知识，从而让学生始终处于学习的主体地位，自主地建构知识。教师享有教学资源开发的主动权。教师可以积极开发储藏于学生自身、学习和生活中丰富、活跃的潜在资源，使之成为有效的教学资源，以进一步激活学生探究、交流的欲望，增强互动的效果。教师享有教学方法的选择权。教学方法不是一成不变的，教师在教学中可根据互动交往的需要，选择合适的教学方法，并有权根据互动进程的发展，调整教学方法，以适应学生发展的需要。教师享有教学评价的自主权。教师为了促进学生学习和探究的兴趣，可自主决定采取何种有效的评价方式进行教学评价，以激发学生的学习情感，加速学生的发展。

2. 尊重学生的独立思维和见解

教师要促进学生自主发展，让学生主动探索周围环境，结合自身的知识基础和生活体验，进行思考和知识建构，使学生独立思考。多元互动教学模式要求教师给予学生充分的思考时间和空间，对学生的思维活动“不包干”，让学生“在游泳中学会游泳”。同时，鼓励学生在互动研讨中积极地评判和争论，在思维摩擦和碰撞中，形成正确的观念和认识。

3. 尊重学生的个性发展

多元互动教学模式下的课堂教学，充盈着民主、平等、和谐的教学气氛，学生在这种教学氛围中激荡思维、张扬个性。教师应尊重学生个性的健康发展，并为学生个性发展提供更为广阔的舞台。

4. 注重学生自我评价能力的培养

自我评价是促进学生自主发展的一个必要条件。在多元互动教学中，教师留出一定的空间，引导学生采用丰富多彩的评价形式，以个体或团体的方式进行自我评价，使学生在评价中摆正自己的学习位置，认清自身的发展需要，从而为自主发展注入强大的动力。

（二）民主性原则

实施教学民主是让课堂教学充满生命活力不可缺少的重要条件之一。一方面，民主性原则表现为师生在人格上是民主、平等的关系。教师的工作对象——学生都是有思想的、有感情的、活动着的社会个体，他们和教师一样都是具有独立人格的人，彼此之间应该互相尊重，建立起民主、平等的师生关系。只有在这种民主、平等的师生关系下，师生间、生生间才能在课堂中实现充分的思想交流、情感沟通，教学相长。另一方面，在多元互动的课堂教学活动中，要努力营造师生和谐共处的教学互补、情感共鸣的发展空间，让师生在“教”与“学”的过程中相互启迪，实现教学相长、共同发展。民主性原则的实施，有助于学生作为独立自主的、有人格尊严的主体，积极参与到教学活动中，并有助于教师根据课堂教学的总体要求及学生的意愿和学习节奏，选择适合学生兴趣和能力的活动，使学生自由自在、生动活泼地进行学习与探究。

遵循民主性原则，教师在教学中要做到以下三点。

1. 教师要同学生保持人格上的平等，实现师生心灵的沟通

有效的教学前提是融洽的师生关系。良好的师生关系，不仅能营造出轻松、自然、亲切、和谐的课堂气氛，而且可使学生的想象力和创造力得到充分的发挥。因此，多元互动教学模式要求在和谐的师生关系和融洽的教学氛围中实现学生的自主发展。

2. 教师与学生共设教学目标、共研教学内容，实现师生共同发展

多元互动教学模式以实现师生共同发展为目的，在教学中师生相互启迪、相互交流、共同研讨，实现师生的共同发展。教师积极为学生的学习创造条件、提供方便，而学生也把教师的教学和与同伴的互动交往看成自身发展的需要，从而在互动交往中促进教学目标的达成。总之，多元互动教学模式所提倡的民主性原则是把学习的主动权交给学生，让学生真正明确学习目标，参与学习过程，了解学习结果，将学习过程变为一个师生共研、共进的过程。

3. 设计符合学生学习心理和认知规律的教学环节和步骤，让学生积极、主动地参与教学。教师围绕学生的“学”设计课堂教学的环节和步骤，是实施“教学民主化”的主要体现。要让学生积极、主动地参与教学过程，培养学生主动学习的意识，就必须把学生的“学”放在首位，因此，多元互动教学模式要求教师在充分了解学生的基础上设计教学环节，并在教学过程中根据学生学习发展的需要，进行有效的调整。

（三）开放性原则

多元互动教学模式下的课堂教学是一个开放的教学空间。开放性原则具体包括以下五方面的内容。

1. 学习目标的开放

一方面，表现为对学习能力不同的学生制定不同的学习目标。由于环境、教育、学生自身学习能力等方面的差异，学生之间也存在着较大的个体差异。因此，学习目标的设计应体现层次性和多样性，应设定“基于基础、上不封顶”的开放式的学习目标。“基于基础”是指按照课程标准的规定，面向全体学生的学习目标必须扎实完成；“上不封顶”是指对于思维较活跃、有独特见解的学生，应鼓励他们在力所能及的条件下，独立钻研、努力拓展，引导他们在广阔的知识天地中翱翔。另一方面，表现为学习目标不是固定不变的，而是在课堂教学中，伴随着师生、生生间的互动交往动态生成的。多元互动教学模式下的课堂教学，学生的思维是活跃的，学习状态是积极的，教学活动是不断深化的，因此，总会涌现出一些意料之外的学习结果和发展状态。针对这种情况，教师应适当调整或提升对学习目标的设定，最终实现学生不同层次的发展。

2. 教学内容的开放

教材是师生进行教学活动的重要媒介，是完成教学任务的必备资料。长期以来，教育教学的内容都局限于教材内容，师生的“教、学”行为、课堂行为均受到了各种框架的限制，学生创造性的发挥也受到了阻碍。而多元互动教学模式则突破了“以纲为纲，以本为本”的束缚，变“教”教材为用教材“教”，认为教材是为教师“教”和学生“学”服务的，并在此基础上，努力拓展教学资源，使教学内容得到最大限度的拓展。对于如何设置开放性的教学内容，有以下五点值得注意。

（1）现代科学技术的迅猛发展为教学内容的开放性提供了充分的物质条件。教学中为满足现代科学技术的发展对教学提出的新要求，可把现代科学技术成果和创造发明充实到教学内容中，从而进一步丰富学生的知识，加强教育教学与科学技术发展的联系，把握时代发展的脉搏。

（2）对现有教材内容的拓宽、深化，也是使教学内容具有开放性的重要方法。为了引起学生的学习兴趣，激活学生的创造性思维，教师可根据教学的需要，对教材做出调整、补充和完善，拓宽、深化教学内容，将学生的思维进一步引向深入，从而使互动的学习效果得以深化。

（3）加强学科间知识的联系及综合。随着社会的发展，知识日益朝着综合化的方向发展。各学科知识的联系及综合不是不同学科知识的拼凑，而是强调以学生的生活经验为支点的学科知识的渗透、交叉与综合，强调理论和实际相结合，培养运用综合知识解决生活中实际问题的能力。因此，教学中要依据教学内容和学生发展需要来综合整合知识。

（4）注意课程内外的联系，把课堂教学中生成的探究兴趣引向课外。在学生的互动交流中，往往产生一些教师意料之外的“思想火花”，而这些生成的问题和探究意向是发展学生创新素质的生长点。教师应及时抓住这些生成的问题，适时将学生的探究兴趣引向课外，使学生的互动成果得以延伸。

（5）重视现实生活中的问题，把课外的问题引入课内。社会是一个大课堂，知识来源于生活，学生纯洁的眼睛总能发现生活中的问题。因此，多元互动教学模式重视把学生生活中的问题和知识引入课堂，丰富互动的内容，增加师生、生生间互动交往的机会，增强互动交往的效果，使课堂教学焕发出生命的活力。

3. 思维空间的开放

要想使师生、生生间的互动交往得以实现，必须重视课堂教学思维空间的创设。自主、开放、活跃的思维空间是促进学生思维发展和能力发展的关键，也是实现师生、生生间互动的一个必备条件。因此，多元互动教学模式主张给学生创设一个自由而完整的思维空间，让学生经历完整的思维过程，但还要注意以下两点。

（1）围绕中心任务来设计有价值的问题。教师在课堂中对问题的设计切忌多而碎，要少而精；问题的设计要紧紧围绕本节课的中心任务进行，切忌漫无目的；同时问题的设计必须有一定的思维价值，即能让学生在思考中产生认知上的冲突，进而激发探究的欲望。设计问题是为了让学生的思维真正开动起来，并与他人的思维碰撞中有所收获。

（2）思维过程必须完整而充分。教师在教学过程中，不但要多设计有思维价值的问题，还要给学生留出充分的思维时间，让学生充分地进行思维碰撞和思维发散；在交流中，不能只要求学生说出思维结果，还应要求学生通过语言表达来展示自己的思维过程。

4. 教学方法的开放

教学方法是以教学规律为依据，师生在教学过程中的活动方式。多元互动教学模式坚持教学方法的开放性，注意多种教学方法的合理配合，强调教学方法的选用应符合师生、生生互动交往的需要。在教学中只有采取多种教学方法的综合运用，才能取得较好的互动效果。

5. 教学结果的开放

多元互动教学模式主张答案不是唯一的，只要是有一定科学依据的、不能证明其是错误的答案，教师都应允许学生提出、论证和探索。多元互动教学模式主张课堂教学要从追求唯一走向追求多样，从追求标准答案走向追求创造性地解决问题。在师生的互动交往中，学生的思维是活跃的，彼此间是有差异的，因此，学生观察事物的角度和对问题的见解也是五花八门的。教师应鼓励学生大胆发表自己的见解，展示自己的思维过程，切不可以标准答案来限制学生思维的发展。总之，多元互动教学模式下的课堂教学是开放的课堂、开放的教学，学生在开放的“教”与“学”中走向创新，实现发展。

（四）实效性原则

多元互动教学模式下的课堂充满了师生、生生间思维的摩擦与碰撞，是实现知识快捷、有效建构的场所。因此，教学中师生、生生间的互动不能流于形式，而要以实现学习目标为落脚点。实效性原则主要包括以下四点内容。

1. 学习目标的设定要具有实效性

学习目标是学生在学习过程中，在完成某一阶段学习时，应达到的要求或产生的变化结果。学习目标的设定应做到知识与能力、过程与方法、情感态度与价值观的三位一体，在多元互动教学模式下，教师应根据学生已有的知识经验和学生发展的需要来预设学习目标。同时学习目标也不是一成不变的，在互动过程中，教师应关注教学进程中动态生成的、预设以外的学习目标，并根据教学需要随时调整和完善学习目标，使学习目标的预设性和生成性统一起来，从而使学习目标的设定更加全面，富有实效性。

2. 教学行为的实施要具有实效性

在多元互动教学中，教师要用新课程理念指导教学行为，教学情景的设计、教学问题的设计与呈现、学生思维发展的引导、互动研讨和交流的开展与深入、教学方法的选择、教学评价的运用、练习的设计等均要围绕学生发展这一核心来进行，从而提高课堂教学的效率。

3. 多元互动教学模式下的学习目标与互动形式应有机统一，要具有实效性

学生的发展是在师生双方和谐互动的教学活动中实现的。各种互动形式的设计应紧紧围绕教学的中心任务进行，应服务和服从于多元互动教学模式下学习目标达成的需要，切忌流于形式。

4. 多元互动教学模式下，学习目标的达成要具有实效性

多元互动教学模式下的课堂教学关注学生的全面发展，因此，学生不仅要实现知识和技能的提高，还应进一步关注情感的升华、关注良好学习方式的建立等。同时，教师不仅要重视预设的互动目标是否能达成，还要关注教学进程中动态生成的互动目标能否达成。

（五）生成性原则

课堂教学的灵魂在于教学的生成性。生成性原则是指多元互动教学模式下的课堂是焕

发着生命活力的课堂，每一节课都是不可重复的激情与智慧综合生成的过程，在这一动态发展的过程中，学生实现了知识的建构和自我发展的飞跃。

在多元互动教学模式下，课程的实施虽有整体规划和周密设计，具有计划性，但并不限制其生成性。教学过程并不是根据预定目标而设计的机械的、“流水线”式的操作流程，而是蕴含着潜在的、无限的教学契机。学生在学习过程中思维活跃，有强烈的探究欲望，能结合教师创设的教学情景和提供的教学信息提取自己的生活经验和已有知识，通过与学习伙伴间的互动讨论与交流建构知识意义，并在此基础上有所创新。教师应注重发挥教育机制，捕捉不断生成的新的目标及新的主题，使学生在生成性发展中，保持探究的积极性，加深认识和体验，更好地发挥创造性。

在多元互动教学模式下，课堂是动态生成的，它处于一种变动的状态。因此，教学中的对话和活动并不是事先预演好的，教师应根据学生的学习情况随时、大胆地调整教学设计，应学生而动，应情境而变，捕捉稍纵即逝的教育契机。只有给予学生思维飞扬的空间，才能实现他们知识的建构、情感的升华，才能使课堂教学显露勃勃生机。

遵循生成性原则，教师应做到以下三点。

1. 创设适宜新知生成的教学氛围

教师在教学过程中创设轻松和谐的课堂气氛，建立融洽的师生关系，形成互相交流、互相研讨、互相启迪、共同发展的课堂氛围，使学生毫无顾虑地表达自己的见解，灵活地处理和转换所接受的信息，激扬自己的思维，将思维的“火花”与他人共享、共研、共识，促进新知识的生成和知识体系的建构。

2. 提供丰富而有效的学习信息

丰富的学习信息来自教师创设的学习情景，来自学生间的相互交流和相互启迪，来自生活。在多元互动教学模式下的课堂教学中，学生的思维是积极而活跃的，在师生间、生生间的互动交往中，筛选有效的学习信息，与自己已有的知识基础、生活经验、情感体验相互碰撞、相互融合，促进新知识的生成和建构。

3. 注重把握教学过程中生成的新的知识增长点

教学不是知识的传递，而是知识的处理和转换。在教学过程中，学生通过师生间、生生间知识的交流、情感的传递、思维的碰撞，会产生一些思维的“火花”，这些“火花”中蕴含着丰富的思维内容，蕴含着学生新的知识增长点。教师应把握住这一新的教学支点，倾听学生的看法，洞察他们想法的由来，并以此为支点，进一步丰富互动内容，引导学生展开研讨。同时，适时地将学生的思维空间由课内拓展到课外，由知识领域拓展到生活领域，使新知识的生成完整而深刻，从而促使学生建构更深层次的知识意义。

（六）思维性原则

发展学生思维能力是课堂教学的核心。教学中要使学生掌握科学的思维规律和正确、灵活的思维方法，培养他们思维的深刻性、灵活性和创造性。

从本质上说，多元互动教学模式下的课堂教学是师生思维双向活动的过程。多元互动教学模式下课堂教学的重点，就是要引导学生的思维活动，尤其是发展学生的创造性思维。因此，教师在教学过程中应加强创造性思维的训练，努力培养思维活跃、具有创新精神的人才。

多元互动教学模式中的思维性原则包括以下四个方面。

（1）教师应结合自己教授的学科知识，有意识地进行创造性思维的训练。多元互动教学模式下的课堂，提倡思维开放式教学，要求学生不要死记硬背书本的答案和教师的结论，而是围绕中心议题进行发散思维，探究和发现各种有效的解决方法，从而创造性地解决问题。

（2）教师在教学中应对教材进行补充和拓宽，挖掘教材内容的思维因素，构建基础性知识与探索性、思维性知识相结合的教学体系，培养学生思维的创造性。

（3）教师应培养学生在独立的、充分的思考中，建构知识意义的能力。教师要启发学生善于思考，诱导学生善于通过分析、比较、综合、概括等思维过程，主动去获取知识；教师要给学生以思维的自由和表达的自由，不要强求一致，不要急于求成地替代学生的思维和想象。同时，教师要围绕中心任务设立阶梯式的、循序渐进的问题，让学生依据自己积累的经验去一步步探究和解决，并在问题的依次解决，促进其思维的深刻性；教师还要培养学生敢于暴露自己在思维过程中所碰到的各种疑问、困难、障碍的勇气，并发动大家共同研究解决，切不可贪图方便，舍不得时间，而用讲解甚至直接灌输来代替。

（4）教师的设疑要有足够的思维量，要强化学生的思维过程，把教学活动变成全体学生的思维体操，使之“跳一跳就能摘到桃子”。

（七）情感性原则

在教学中坚持情感性原则，不仅体现了教育的本质，而且是培养学生学习兴趣和学习热情、增强学习动机的重要手段。课堂教学对于学生来说是一种特殊的生命历程，学生在学习中不断体验着学习的乐趣、成功的喜悦和生命成长的幸福。因此，课堂教学中所包含的情感体验也是多元互动教学模式的一个重要环节。

实施情感性原则要求教师要把满腔热情投入课堂教学中，教师的情感不仅影响着自己教学思想和教学语言的表达，更为重要的是影响着学生的学习状态、情感状态和发展状态。在多元互动教学中，师生间不仅有知识的传递和思想的交流，还充满着情感的交往，教师不仅是学生的良师，也是学生的益友。教师在教学中真诚地关爱学生，真诚地发现学生身上的闪光点，为学生创造性思维火花的闪现而欣喜，以情育情，激发学生的学习热情。

实施情感性原则要求教师应努力营造情感课堂。师生、生生之间充满情感交流，充满成功的体验。同时，教师在教学中要做到因材施教，用不同尺度要求不同情况的学生，力求激发学生对学习积极的情感和态度。

教师在教学中要充分认识到情感与创新思维的关系：没有情感就没有活跃的创新思维。在学习过程中，学生的学习激情会激发出源源不断的奇思妙想，这些奇思妙想是培养创新思维和创新意识的重要支点。因此，多元互动教学模式把“带给学生对生活和学习的激情和梦想”作为教学追求之一，以学习情感的激发来促进学生主动建构对未来生活的憧憬。

教师应主动寻求和挖掘教材中蕴含的丰富的情感因素。每一位教师和每一门学科都有其独特的教学魅力和学科知识魅力。因此，教师要把整个学习过程看成是一个发现美、感受美、欣赏美的过程。在多元互动教学模式下的课堂教学中，教师通过创设适宜的教学情景、合理呈现教材，将知识宝库中的库藏展现给学生，让学生在互动研讨和交流中感受学科知识的魅力，体验学习的快乐。同时，在学习过程中，教师优美的教学语言、机智的教学智慧无不使学生产生心灵和情感上的共鸣，进而受到启发和教育。

教师应积极地促进课堂教学和现实生活的接轨。生活即是学习，学习来源于生活。只有把学生的认知学习和生活感知结合起来，才能极大地丰富学生的学习情感，充实学生的精神生活。

总之，多元互动教学模式下的课堂教学就是要让学生的情感体验贯穿整个教学过程，使学生在学习历程中不断体验探究的乐趣和成功的喜悦，体验学习带给他们的人生意义。

（八）发展性原则

多元互动教学模式下的课堂教学把发展性作为衡量课堂教学效果的标准之一。所谓发展性原则就是指教师应以促进学生的自主和全面发展为出发点和落脚点，充分发挥课堂教学的发展功能，使学生在师生的互动交往中，得到最大限度的发展。同时也使教师在教学过程中，伴随着学生的发展而实现自身的专业化发展。

多元互动教学模式中的发展性原则包括以下六方面。

（1）教师要树立以发展为内涵的三个课堂教学观。一是课堂教学是促进学生发展的课堂教学本质观；二是课堂教学的价值是促进学生发展的教学价值观；三是追求人人发展和成才的课堂教学质量观。

（2）培养学生建立实现自主发展和全面发展的知识和技能观。学生知识和技能体系的构建是伴随着学生的学习历程不断发展和深化的。学生只有不断学习才能具备自主发展和全面发展的可能，才能使自己的生命历程更加精彩。

（3）促进学生情感的持续发展。让学生在每一节课堂教学中都能体验到情感的震动，都能感受到自身情感的升华。

（4）促进学生多种能力的发展，尤其是收集和处理信息的能力及创造性解决问题的能力。

（5）尊重和关注学生个性的健康发展。要让学生在课堂教学中，充分展示自己的个性，张扬自我，在探究中体验成功的快乐。同时，学生通过师生、生生间的互动交流，汲取他人的经验，丰富自己的个性，促进自身的健康发展。

（6）促进教师自身专业化发展。教师在教学实践中，不断吸收和内化先进的教育理论，提高自身的理论素养。同时，在与学生的交流中，提高自己的教育智慧，总结自己的教育经验，丰富自己的教育知识，从而加快自身的专业化成长。

总之，多元互动教学模式下的课堂教学要以学生的发展为核心，坚持学生的发展和社会的发展相统一的方向，既促进学生的自主发展和全面发展，同时又要实现教师自身的发展。

第二节　多元互动教学模式的策略

一、情景创设策略

建构主义学习论认为，情景是学习环境中的四大要素之一，学习总是与一定的社会文化背景，即情景相联系。教学实践也证明，创设课堂教学情景能充分、有效地调动学生学习的积极性。

情景创设策略是指创设一种具体活动的场景或提供学习资源，以激起学生主动学习、自主探究的兴趣，激活学生思维，促进互动交往，提高学习效率的一种教学策略。

多元互动教学模式下的课堂教学强调创设真实情景，注重利用多媒体技术创设生动的社会文化与自然情景。同时还强调教学情景的创设应选取学生身边的、感兴趣的、切合学生的认知水平的事例、场景，以此来诱发学生学习新知识的内在动力，促使他们能以最佳的情绪状态投入教学过程之中，最终实现自主发展。

实施情景创设策略主要包括以下四个方面。

（一）创设质疑情景，变被动接受为主动探究

在多元互动课堂教学中，教师应多鼓励学生质疑、发现问题、主动探究。创设质疑情景，让学生由过去的被动接受向主动探索发展，发展学生的质疑思维、独立思考和创造思维。

（二）创设交流情景，变个体学习为互动合作学习

多元互动课堂教学中，教师有计划地组织学生研讨，为他们提供思维摩擦与碰撞的环境，为学生的学习和自主发展搭建了更为开放的舞台。学生在独立思考的基础上互动合作，有利于学生活跃思维，增加思维的广度和深度。因此，在多元互动课堂教学中，教师要创设多种形式、多种目标的交流情景，以促进学生的自主发展。

（三）创设想象情景，变单向思维为多向思维

有研究表明，在人的创造性活动中，想象力的发挥起着重要的作用，它是创造性思维产生的源泉。因此，在多元互动教学中，教师要充分利用一切可供想象的空间，挖掘发展想象力的因素，发挥学生的想象力，引导学生由单向思维向多向思维拓展。

（四）创设生活情景，使知识建构的途径变单一渠道为多向渠道

生活是知识之源，是学习之源，知识是生活的再现和提炼。创设生活情景，就是从学生生活和认知学习的结合点出发，打开学生丰富多彩的生活库藏，强化他们的生活体验，引导学生由生活领域走向知识领域，再由知识领域回归生活世界，拓宽知识建构的渠道，完善自我发展。

总之，创设良好的教学情景不仅能使教师当好学生学习的组织者、引导者与合作者，

而且更有利于学生自主、合作和探究学习方式的培养，从而更好地实现学生的发展。

二、教学问题生成策略

学生的疑问是教学的生长点，是课堂教学资源的开发点。本着这一观点，教学问题的生成策略就是指在教学中充分发挥学生的主体作用，使学生积极体验知识的发生过程，树立问题意识，并在问题探究及解决中实现知识的飞跃。

实施教学问题生成策略要求教师做到以下四个方面。

（一）创设良好的问题生成环境

只有在一个轻松、民主、和谐的课堂氛围中，学生才能完全放松，才能活跃思维，才能自主生成问题。因此，在多元互动教学模式下的课堂教学中，师生间建立的民主、平等、和谐的互动交往关系，能够使学生拥有开放的学习心理，能够消除学生在学习中、课堂上的紧张感、压抑感和焦虑感，增强学习自信心，使学生在轻松、愉快的气氛中，显露灵性，展现个性，发现问题，提出问题。同时培养学生的质疑意识，让学生在质疑和探究中建构知识、培养能力。总之，创设良好的问题生成环境，能够激发学生探究的欲望，拓展学生思维的深度和广度，促进创造性思维的发展。

（二）创设问题情境

在多元互动教学中，教师通过创设问题情境让学生产生认知冲突，使学生在矛盾、疑惑、惊讶中自然生成问题，形成探究、解决问题的动机，并在问题的“生成—探究—解决”中，推进教学进程和实现学生发展。

（三）培养学生的观察能力，在科学观察中生成问题

多元互动教学模式主张将学生的课内生活与课外生活紧密联系起来。要求在课内、课外生活中，培养学生的观察能力。从生活与课本知识的结合点上生成问题，及时记录这些问题，并把自己生成的问题与学习伙伴进行交流，在交流中拓展思维，促进发展。

（四）正确处理预设与生成的关系

教学是有目标、有计划的活动，预设是它的基本要求。然而在教学中，又有很多问题是无法预设到的，因为学习的主体——学生，其思维是开放的，是具有创造性潜质的。学

生带着自己的知识、经验、思想、灵感、兴趣参与课堂教学活动，并成为课堂教学不可分割的一部分，使课堂教学呈现出丰富性、多变性和复杂性。可见，教学是预设与生成的矛盾统一体。当生成的问题不能和教师的预设相一致时，教师应充分利用生成的资源，及时调整教学设计，运用自己的教学智慧，让生成的资源为教学目标服务。

实施教学问题生成策略，关键是教师要重视学生个性化的理解，要让学生自己重视对教材、生活、现实问题等的个性化体验和理解，要做到“四个鼓励”（鼓励学生向教师挑战，鼓励学生向课本挑战，鼓励学生向权威挑战，鼓励学生向自我挑战），以此培养求异思维，激发学生的创新精神。

三、整合教学资源策略

教学资源是潜藏于学生自身、学习与生活中，丰富活跃的可用资源。根据学生学习发展的需要，从学生的生活出发，科学地对其加以整合优化，能使其生成巨大的、可持续发展的无限资源，为学生的学习和发展提供广阔的空间。

整合教学资源策略是指在多元互动教学中，教学资源由学校教材转向学生丰富的社会生活，把学生学习的外延拓展到生活的外延，拓宽学生学习和知识建构的渠道。多元互动教学主张在有效的资源整合和拓展中，实现学生的自主发展；主张合理利用和积极开发教学资源，给学生提供贴近自身实际、贴近生活、贴近时代的内容健康和丰富的教学资源；主张积极利用网络信息等丰富的教学资源，拓展学习和运用知识的渠道；积极鼓励和支持学生主动参与教学资源的开发和利用。

在开发、利用教学资源的研究过程中，要把握好三个原则。

（1）适用性原则，即让教学资源的开发适应学校发展和学生发展的实际需要、适应教师专业化成长的需要、适应学习目标达成的需要。

（2）适度性原则，即把握好教学资源整合、优化的度，使其始终为实现师生的发展服务。

（3）实践性原则，即教学资源的开发应有利于学生自主探索，体现学生自主学习和自主发展的过程。只有这样，才能合理地进行教学资源创新，满足学生多样化发展的需要。

实施整合教学资源策略主要包括以下五个方面。

1．整合学科资源

变封闭为开放，将不同学科的知识连接起来，构成互动资源网。综合化是学科知识与教学发展的必然。在多元互动教学中教师应根据教学发展的需要和学生自身发展的需要，打破学科界限，为学生的学习构建综合化的知识网络，为课堂教学构建一个多学科相互连接的互动资源网，使学生在充满个性的学习过程中活学、乐学，培养综合能力和拓展能力。

2. 整合校园文化资源

变小课堂为大课堂，使静态资源生成为动态资源。校园文化具有鲜明的教育作用，多元互动教学中教师要将校园文化的精髓融入课堂教学中，将学生的校园生活演变为丰富多彩的学习资源，使校园文化的教育作用得以充分发挥。

3. 整合社会生活资源

变狭义学习为广义学习，使书面资源生成为实践体验资源。教育教学要跟上社会发展的步伐，将科技发展的新成果、社会发展中的问题以及大家共同关注的热点问题，巧妙地融入教学资源之中，使学校成为虚拟的社会，使小课堂变成大课堂，让学生在这个大课堂中建构知识，培养创造力，实现自主发展。

4. 整合自然教育资源

增强情感体验，突出人文关怀，拓展学生的教育胸襟。大自然具有神奇的教育力量，是学生智慧发展的重要源泉。在多元互动教学中，教师采取一系列的互动措施，让学生走进大自然，融入大自然，感受大自然的魅力与神奇，可以陶冶学生的情操，增长学生的知识，培养学生发现问题和解决问题的能力，同时还会帮助学生建立起人与自然的和谐关系，拓展学生的胸襟。

5. 整合生本资源

变被动接受为主动探究，促进自主和全面发展。研究证明，学生是天生的学生，有差异的个性，有主动获取知识的需求，有天真烂漫的想象力、强烈的表现欲，更有自我实现的心理需求。因此，现代教育理论认为，学生本身也是重要的教育资源，学生的生活和情感体验、已有知识和学习的内在积极性，是教学活动的动力之源，学生的能力只有在自身资源得到合理开发的情况下才能得到提高。因此，多元互动课堂教学中，教师应找准切入点，创设开放的学习环境，充分发掘和利用学生自身资源进行教学，开发学生潜能，使学生在师生和生生互动研讨、交流中实现自我超越和发展。

四、互动中的合作策略

互动中的合作策略是指“教”与“学”的互动、交往与合作，是师生、生生间的相互交流、相互沟通、相互启发和相互补充；是在教学过程中教师与学生、学生与学生之间分享彼此的思考、经验和知识，交流彼此的情感、体验与观念，丰富互动交往的内容，探寻新的发现，寻求新的发展，从而达成共识、共享、共进，实现教学相长和共同发展的教学策略。

实施互动中的合作策略要求教师做到以下三个方面。

（一）创设互动合作环境，营造互动合作氛围

在多元互动教学课堂上，教师要创设轻松、愉悦的课堂氛围，让学生在无拘无束的环境中自信地进行互动合作。

（二）找准互动合作教学的切入点

教材有着丰富的内涵，学生的思维也各具特色。教师要激励学生从不同角度进行思考，鼓励学生开启智慧之门，多方面、多角度地去探究、去追寻与众不同的、个性化的见解，在探究与合作中实现共同发展。

（三）选择适宜内容，促进学生互动合作行为的发生

丰富学生互动合作的情感。教学中互动合作的内容应贴近学生的生活和已有的知识基础，贴近学生的“情感发展区”，使学生能适时地调动思维和情感，投入互动合作中，并在互动合作中相互启迪，实现共同发展。

第三节　多元互动教学模式的准则

多元互动教学模式将社会互动理论运用到教育教学中，将理论知识转换为实践经验，将社会互动缩影到教学互动，将互动发展到多元化，因此，多元互动教学不仅有助于提高学生的学习成绩及语言的应用能力，而且有助于培养学生终生受用的自主学习能力。

一、协调发展自主学习各要素

（一）转变学习观念，增强自主意识

现代教育理论认为，学生不是信息的被动接受者，而是知识获取过程的主动参与者。

换句话说，学生要想成为一名合格的学生，要想获得更多的学识，要想得到终身的可持续发展，就不能只靠教师的传授、讲解，还需要学生主动、积极地投入学习中，独立自主地度过学习艰难困惑期，战胜自己，完善自我。传统的教师观时代早已一去不复返了，当今奉行“授之以鱼，不如授之以渔”。一位优秀的教师不再仅仅是有渊博的学识和独到的见解，也不是能培养出多少尖子生、状元郎，而是如何在有限的时间内，教会学生如何自己去学习。

要想转变学生传统、陈旧的学习观念，培养学生自主学习的意识，内因是关键，外因是条件，外因要通过内因起作用。内因是学生自己，外因是教师、环境等因素。陈旧的学习观念和根深蒂固的传统教学模式，使得学生的自主学习观念淡薄，学习态度被动、消极，学习的功利性较强，这些都不利于培养学生自主学习和终身学习的习惯。根据现代教育学的观点，课程是一个开放的系统，它是“教师与教材、教师与学生、学生与教材之间交互作用的结果”。教学和课程是开放性、互动性、交互性、对话性的，学习的过程不仅是传递知识，而且是学生自主探索知识、构建知识和创造知识的过程。因此，教师就肩负起了重大的责任和义务。由于学生缺乏自主学习方面的经验，并且受到传统尊师理念的影响，教师需要在课堂中有意识地向学生全方位地讲解有关自主学习的理论知识，还要强调自主学习的必要性和重要性，使学生对此有充分的认识，以便在此基础上唤醒学生的自主意识。

（二）培养学习兴趣，激发学习动机

“兴趣是最好的老师。”学习兴趣是人们渴求获得知识的一种愉快的情绪表现。有研究表明，学习兴趣与学习动机有着密切的联系，准确地说两者呈正相关，即在其他因素一致的情况下，学生的学习兴趣越浓，学习动机也就越强，反之亦然。

动机是影响学习的一个关键因素。从不同的角度对学习动机的分类有很多，如从社会语言学的角度，可以将学习动机分为融入型动机和工具型动机。融入型动机是指学生对目的语的学习具有真正的兴趣和热情，真诚地希望自己能融入、参与进去；工具型动机则是指把目的语当作一种工具来使用，通过对工具的使用来达到某一特殊目的的学习动机。从认知语言学的角度出发，学习动机又分为内在动机与外在动机。内在动机是指学生的内在因素，包括内在兴趣、态度和认知等；外在动机是指外部因素，包括教师、父母、社会、考试、环境等因素。还有学者将学习动机分为表层动机和深层动机。表层动机是指比较肤浅的、源于外部的动机，比如说证书动机、学业考试等；深层动机则是源于对目的语语言

和文化本身的热爱和喜好。除此之外，还有一种动机称为外语成就动机。这种学习动机为人类所特有，同时它也是外语课堂学习的主要动机之一。研究证明，成就动机又与学生的自我效能感有着密切的关联。自我效能感是指人们对自己是否能成功地完成某一项活动或任务的一种主观断定，其实质是对自己行为的一种推测和判断。它对活动或任务的选择、目标设定以及持续性有着很大的影响，同时还决定着面对困境时的态度和情绪等。自我效能感越强的学生在学习过程中越有信心和动力，也更愿意付出努力，在遇到学习瓶颈时也能自我调节、稳定情绪，因此，获得成功的可能性就越大。

因此，培养学习兴趣和激发学习动机是提高学生自主学习能力的关键所在。所谓激发学习兴趣，即要使学生对所学的知识产生强烈的求知欲，从而使其主动地去接近、认识、探索，最后获取知识。又因为学习动机具有鲜明的多元性、社会性和多变性，因此，学习动机可以通过一定的努力去激发、获取或强化，这需要师生共同的努力。教师应积极地引导学生将外在动机转化为学生的内在动机，这样学习才会更具有持久性。学习内容应当充分体现出生活化、情景化、实用性、社会性，这样才能充分调动学生的学习兴趣和激发学生的学习动机。学习动机可以帮助学生树立正确的目标，克服学习中出现的困难，在竞争日益激烈的环境中，取得更好的成绩。学习兴趣可以激发学生的热情，引导他们积极主动地参与到学习中去。因此，通过培养学习兴趣和激发学习动机，学生可以充分发挥主观能动性，变被动学习为主动学习，增强自主学习能力，提高学习效率。

二、积极优化教师的教学作用

（一）转变教学理念和方法

任何事物的发展进步都离不开科学的先进理论的指导，要想发展教育事业当然也离不开教育理念的更新与转变。传统的教学理念已经不能满足当今社会和教育的发展需求，“以人为本”的先进理念运用于教育事业就要求教师做到坚持“以生为本”的教育理念。转变教学理念和方法需要做到：从过去的应试教育转变到以提高学生综合素质为目标的素质教育上来；从以教师为中心的灌输式教育转变到以学生为中心的自主学习上来；从以知识传授为主的传统教学模式转变到以探索、发现、解决问题为主的互动教学模式上来；重视学生可持续发展能力的培养，改变错误的、压抑学生积极性的教学方式，以引导者的身份出现在学生的学习活动中；树立“以生为本”的教育思想。

（二）提高教师素养

推行自主学习，并不意味着消除或减少教师的作用，反而对教师提出了更高的要求。这就需要新时代的教师提高教师综合素养，以适应社会发展的要求和教育现状的要求。

1. 树立教师自主信念

学生自主依赖于教师自主。要想提高学生的自主性和自主学习能力，首先，就要求教师在教学过程中树立起自主的榜样。教师自主与学生自主两者是统一的，不可分离的。前者更是后者的必要前提和重要保障。教师的自主主要是对教师观、学生观以及教育教学活动观这三方面而言的。教师在促进学生增强自主、自控和自我责任感，使学生达到自主学习的目标方面，起着至关重要的作用。在教学中，教师要提高学生的自我意识，关心和鼓励学生，帮助并指导他们学会自我计划、自我监控和自我评估。自主型的教师要认识到传统意义上教师“教”和学生“学”将不断让位于互教互学，彼此形成一个真正的学习共同体。

2. 提高教师教学实践素养

信息技术环境下，教师教学实践素养包括以下三个方面：首先，教师要能够迅速地适应信息技术条件下教学环境的变化，知道如何合理地选择、熟练地运用教学媒体；其次，教师要能够熟练地使用基本的信息技术工具，善于将其组合应用于现代外语教学中；最后，教师要具备获取、筛选、辨别、运用信息的基本素养。

3. 丰富教师现代教育理论素养

教师必须在一定程度上熟悉最新的外语习得理论、教育学理论、心理学理论、外语教学法等，以便对外语习得和外语教学的特殊性有清醒的认识，善于运用不同的教学理论指导自己的教学实践，对教学计划进行积极主动的检查、评价、反馈、控制和调节。

三、全面改善学生的学习环境

（一）优化信息技术学习环境

随着人工智能领域研究的深入、信息技术的不断发展、信息资源的不断丰富，信息技术学习环境正朝着人性化、个性化方向发展。网络的共享性、开放性、交互性以及信息资源的无限扩张及其在教育领域的渗透，为学生的自主学习创造了良好的外部环境。支持“教”与“学”的信息技术环境一般可以分为两类：一类是个别化远程学习环境，如校园网、电子阅览室、基于网络资源的自主学习环境等；另一类是班级授课下的信息技术环境，如基于网络教室和多媒体教室的自主学习环境。通过多种环境的支持作用，学生能够有效地自主学习，增强课程的学习效果。信息技术对构建自主学习环境具有全方位的支撑作用，作为自主学习的学习工具，促使学生能学；作为自主学习的学习资源，促使学生想学；作为自主学习的交互平台，促使学生会学；作为自主学习的评价体系，促使学生坚持学。教师要正确认识信息技术的作用，解决由信息技术运用于大学英语教学实践导致的操作层面出现的问题和认识上的误区。要想科学、合理地运用多媒体信息技术须遵循以下三点建议。

（1）在大学英语教学中，多媒体教学模式与传统教学模式要一并使用。

（2）在选取多媒体教学素材时，要注意多媒体课堂的“人文关怀”。

（3）根据每单元教学的实际情况来决定是否使用多媒体。

（二）营造良好的自主学习氛围

教师要努力为学生营造良好的自主学习氛围，培养学生的自主学习能力。在教学中，良好、和谐的教学氛围和民主、平等的交往关系是学生自主学习的前提。因此，教师要解放学生的思想，改变那些制约学生发展的思维定式；引导学生根据自己的兴趣、爱好和特点自主选择学习内容；坚持将无拘无束的学习空间还给学生，提倡合作、探究、自主的学习方式，真正给予学生学习的自由。教师在教学中不能居高临下地进行情感施舍，要做到平等交流，真诚沟通。教师与学生在地位和人格上都是平等的，因此，师生之间应相互尊重，成为良师益友。这样教师也就能在课堂上营造一种亲切融洽的教学氛围，从而为培养学生的自主学习能力奠定坚实的基础。

第四节　多元互动教学法的实践

一、多元互动教学模式的实践

（一）研究设计

为了回答“多元互动教学模式对学生的英语学习产生何种影响”“学生对这一教学模

式持何种态度”这两个问题，笔者对某大学17级新生进行了入学英语分级测试，根据学生入学测试成绩，随机选定了4个实验班，根据实验班的条件，选定了与实验班情况相似的4个对照班。实验班的任课教师指导学生利用学习档案袋的形式，制订了学习计划，并记录自主学习的内容和学习的过程，同时教师把学生分成3~4人组成的学习小组，每个小组负责一次课堂演讲或话剧表演。学生需要在课前分工合作、查阅资料、制作PPT和进行排练，在与小组成员互动完成任务的过程中，他们不仅锻炼了交流的能力，也提高了自己的英语水平。

（二）数据收集与分析

笔者对4个实验班192人和4个对照班192人进行了统一命题的英语测试，测试内容包括听力、阅读、翻译、写作和口语五个方面。为了检验网络环境下多元互动教学模式的有效性，我们对实验所得数据进行了统计分析。

从两次期末考试的结果来看，实验班和对照班平均成绩差分别为0.94和1.43，第一学期期末考试成绩差相差不大，这可能是实验进行时间较短，学生还没有完全适应这种新的教学模式的缘故，经过近一年的实验后，第二学期期末考试实验班与对照班的成绩差异显著。这说明网络环境下多元互动教学模式的优势正逐渐显现出来，这种教学模式对提高大学英语教学质量起到了很大的作用。在此基础上笔者将测试的分项成绩所得数据也进行了统计分析。

在测试的分项成绩中，比较明显的对比是听力和阅读测试。实验班与对照班的成绩差分别为0. 57和1. 00，从一个侧面显示出，实验班学生听力水平有了一定程度的提高，同时阅读能力也得到了增强。分项测试的数据还显示出实验班在翻译、写作和口语等方面也都有小幅度的提高。通过数据分析可以得出这样的结论：采用网络环境下多元互动教学模式大大提高了学生的学习兴趣，激发了他们的学习热情，有效地提高了学生的英语综合应用能力。

（三）问卷与访谈结果

网络环境下多元互动教学模式对学生内在动力、学习时间的自我管理、学习过程的自我监控等方面都产生了积极影响。实验后我们通过问卷与访谈形式对学生学习的积极性、主动性、学习目的和学习动机等方面进行了调查。大部分学生对英语都有了较浓厚的学习兴趣，课堂气氛明显活跃、生动，学生的参与意识及协作精神明显增强，学习英语的主动性与积极性大大提高，自信心也得到了极大提升。

结果有如下发现：

（1）新教学模式强调了学生自主学习能力的培养，有助于发挥学生自主学习的潜力，减少了学生对教师讲解的依赖性。

（2）新教学模式强调对学生应用能力的培养，增加了较多的课堂与课外活动，而这些活动的增加也没有影响学生对基础知识的掌握。

这是教师与学生、学生与学生互相合作、互相帮助、互相鼓励、共同完善的过程。在这一过程中学生学习的主动性、积极性都得到了充分的发挥，从而产生了自主学习的动力，树立了自主学习的信心。

二、研究结论

（一）多元互动教学模式的积极作用

多元互动教学模式的应用实验表明，针对高校英语课堂教学中的不足，采取相应措施，激发学生学习英语的兴趣，使其主动参与课堂教学，对提高学生的学习自主性、积极性显得尤为重要。而多元互动教学模式在实施过程中突出和保障了学生的主体地位，强调要留给学生足够的时间和空间，调动了学生动脑、动手、动口的积极性。

多元互动教学模式强调在教学过程中给学生充分的讨论、交流时间，创造条件让学生发现问题、分析问题、解决问题、总结规律。“教”与“学”的过程要通过师生之间、学生之间充分互动等多元互动的形式实现，学生是教学活动的中心，多元互动教学模式有利于发挥学生的主体作用。多元互动教学模式充分采用形成性评价，及时反馈，使学生能够自我监督、自我认识、自我调整，积极探索适合自己的学习策略，促使学生以更大的热情投入学习的过程中，提高学生的自主学习能力和语言的实际应用能力。

当今时代是一个信息技术飞速发展、知识不断更新的时代，因此课堂学习无法满足学生对知识的需求，更难以应对以后的激烈竞争，自主学习和终身学习关乎学生可持续发展和不断自我完善的能力。多元互动教学模式通过课上与课下、线上与线下的多层次、多元化、多维度的互动，使学生可以掌握多种学习策略，尤其是元认知策略和社交策略，进一步提高自己的自主学习能力。

（二）多元互动教学模式带来的挑战

多元互动教学模式如果使用不当就会造成事倍功半的结果，因此，需要教师和学生一起努力来更好地加以应对。多元互动教学模式主要带来了以下四方面的挑战。

1. 对教师提出了更高的要求

教师需要对不断更新的网络资源进行甄别，并及时优化教学设计，还要针对不同学生的特点和接受水平设计互动话题和互动活动。同时，教师即使在业余时间也需要通过面授或网络答疑等形式，不断地对学生的学习计划和学习过程进行监控和引导，否则容易使学生处于放任自流的状态。

2. 对学生的自主学习能力提出了更高的要求

有些学生基础较差，他们在自主学习过程中可能出现的问题较多，因此，学生课下的互动式学习也需要其不断提高自我监督意识，掌握各种学习策略与学习方法，并且相互协作、相互督促。

3. 对学校的软硬件设施提出了更高的要求

师生间的互动以及学生的网络自主学习都要求学校有更完善的软硬件设施，比如，网络自主学习平台、自主学习教室等。

4. 进一步完善多元化的评价体系

多元互动教学模式下，只注重学习的结果而忽略学习过程的终结性评价方式已经不再适用，因此，需要进一步完善评价方式。评价主体和评价方式应当多元化，体现出学习和互动的过程，教师对学生的自主学习应进行相应的评价。

第五章　高校英语信息化教学法

第一节　教学方法概述

一、教学方法的定义

（一）定义

教学方法是教育者和学习者为了完成一定的教学目标和任务，运用一定的教学方式和教学手段而形成的教与学的活动途径和步骤。由于时代、社会背景、文化氛围的不同，研究者研究问题的角度和侧重面的差异，使得中外不同时期的教学理论研究者对“教学方法”概念的解说不尽相同。国内外学者对教学方法有不同的解释，归纳起来大致有三个角度：第一，从广义或宏观的角度，把教学方法看作是教学活动方式的总和。如“教学方法是指教师和学生在教学过程中，为达到一定的教学目的，根据特定的教学内容，共同进行一系列活动的方法、方式、步骤、手段和技术的总和”。第二，从行为动作的角度，把教学方法看作是教师和学生的行为方式或工作方式。如“任何教学方法都是教师的一整套有目的的动作，教师通过这些动作组织学生进行认识活动和实践活动，使学生掌握教学内容，从而达到教学目的”。第三，从媒体或材料应用的角度达到教学目的，把教学方法看作是应用媒体进行教学的方法。如“教学方法是教师为达到教学目的而组织和使用教学技术、教材、教具和教学辅助材料，以促进学生按照要求进行学习的方法”。

（二）教学方法的内在本质特征

教学方法是教学过程中教师与学生为实现教学目的和教学任务要求，在教学活动中所采取的行为方式的总称。教学方法的内在本质特点：首先，教学方法体现了特定的教育和教学的价值观念，它指向实现特定的教学目标要求。其次，教学方法受到特定的教学内容的制约。最后，教学方法受到具体的教学组织形式的影响和制约。

（三）教学方法的理解

对教学方法可以从以下三个方面来理解。

1. 从方法论角度看

教学方法是指具体应用的方法，从属于教学方法论，是教学方法论的一个层面。教学方法论由指导思想、基本方法、具体方法和教学方式四个层面组成。教学方法包括教师教的方法（教授法）和学生学的方法（学习方法）两大方面，是教授方法与学习方法的统一。教授法必须依据学习法，否则便会因缺乏针对性和可行性而不能有效地达到预期的目的。但由于教师在教学过程中处于主导地位，所以在教法与学法中，教法处于主导地位。

2. 与教学方法密切相关的概念看

教学方式和教学手段是构成教学方法的要素，不能将它们等同于教学方法，也不可将教学模式与教学方法混为一谈，一种教学模式是由多种教学方法组成的。教学方法必须依据一定的教学理论，指向一定的目标，应用具体可操作的程序或一系列可操作的环节，解决一定的问题。

教学方法与教学方式：教学方法不同于教学方式，但与教学方式有着密切的联系。教学方式是构成教学方法的细节，是运用各种教学方法的技术。一方面，任何一种教学方法都由一系列的教学方式组成，可以分解为多种教学方式；另一方面，教学方法是一连串有目的的活动，能独立完成某项教学任务，而教学方式只被运用于教学方法中，并为促成教学方法所要完成的教学任务服务，其本身不能完成一项教学任务。

教学方法与教学模式：教学模式是在一定教学思想指导下建立起来的为完成某一教学课题而运用的比较稳定的教学方法的程序及策略体系，它由若干个有固定程序的教学方法组成。每种教学模式都有自己的指导思想，具有独特的功能。它们对教学方法的运用，对教学实践的发展有很大影响。现代教学中最有代表性的教学模式是传授—接受模式和问题—发现模式。

3. 从教学方法间的共性看

教学方法虽然有着不同的界定，但它们之间有着一定的共性：教学方法要服务于教学目的和教学任务的要求；教学方法是师生双方共同完成教学活动内容的手段；教学方法是教学活动中师生双方行为体系。

二、教学方法的分类

古今中外的教学方法五花八门、名目繁多，对教学方法的分类也是众说纷纭、莫衷一是。因此，有必要将其分类，以便更好地分析、认识它们，掌握它们各自的特点、起作用的范围和条件，以及它们发展运动的规律。其实进行教学方法的分类就是把多种多样的教学方法，按照一定的规则或标准，将它们归属为一个有内在联系的体系。

（一）不同学者对教学方法的分类

教学活动包括这样的三种成分，即知识信息活动的组织、个人活动的调整和活动过程的随机检查。把教学划分为三大类：第一大类是组织和自我组织学习认识活动的方法；第二大类是激发学习和形成学习动机的方法；第三大类是检查和自我检查教学效果的方法。威斯顿和格兰顿依据教师与学生交流的媒介和手段，把教学方法分为四大类：教师中心的方法，主要包括讲授、提问、论证等方法；相互作用的方法，包括全班讨论、小组讨论、同伴教学、小组设计等方法；个体化的方法，如程序教学、单元教学、独立设计、计算机教学等；实践的方法，包括现场和临床教学、实验室学习、角色扮演、模拟和游戏、练习等方法。

（二）我国常用教学方法分类

目前，我国常用的教学方法常以学生认识活动的不同形态作为标准，将教学方法分为：

（1）以语言传递为主，获得间接经验的教学方法，如讲授法、谈话法、讨论法、读书指导法等；通过直观演示，获得直接经验的教学方法，如演示法、参观法、现场教学法等。

（2）以实际训练形式，形成技能技巧的教学方法，如练习法、实习法、实验法等。

（3）以欣赏活动为主，获得情感态度技能的教学方法，如情境陶冶法。

这些教学方法之所以经常被采用，主要是因为它们都有极其重要的使用价值，对提高教学质量具有特定的功效。但任何教学方法都不是万能的，它需要教师必须切实把握各种常用教学方法的特点、作用、适用范围和条件，以及应注意的问题等，使其在教学实践中有效地发挥作用。

三、教学方法选择的基本标准与运用

（一）教学方法选择的基本标准

教学有法，但无定法，贵在得法。教学方法是连接师生双方的桥梁。从过去到现在，从传统到现代，人们创立了各式各样的教学方法。任何教学方法，都是为实现教学目的服务的。教学方法与教学目的、教材内容、教学对象，有着内在联系。运用教学方法，实际上就是把教师、学生、教材内容有效地连接起来，使这些基本因素有效地发挥其各自的功能作用，从而通过所产生的教学效果，来实现教学目的。因此选择教学方法必须依据教学目的、教材内容、教学对象，还要依据教师本身的特点和素养条件。

1. 依据教学目标选择教学方法

不同领域或不同层次的教学目标的有效达成，要借助于相应的教学方法和技术。教师可依据具体的可操作性目标来选择和确定具体的教学方法。教学目标将教学的一般性任务具体化，是一个有着多种具体内容的目标群，既有知识信息方向的，也有认知技能、认知策略方向的等。每一方面的目标都须有与该目标相称的教学方法。不同的教学方法有不同，没有一种最好的能适应各种教学情况的教学方法。

2. 根据学生特征选择教学方法

学生特征直接制约着教师对教学方法的选择，这就要求教师能够科学而准确地研究分析学生的基本特征，有针对性地选择和运用相应的教学方法。学生特征主要指心理特征和知识基础特征两方面。学生的心理特征主要在于强调学生年龄差异造成的在心理发展水平上的差异。教学方法应该顾及不同年龄的不同心理特征。学生知识基础特征主要是考虑学生原有知识基础或认知结构，强调学生已掌握的知识及其认知方式对学习新知识学习的迁移作用。

3. 根据学科内容选择教学方法

不同学科的知识内容与学习要求不同，不同阶段、不同单元、不同课时的内容与要求也不一致，这些都要求教学方法的选择具有多样性和灵活性的特点。学科内容决定了一般教学方法在各门学科中的特殊形式。艺术性强的学科知识和科学性强的学科知识在教学方法上是有很大差别的。这是因为通向这些知识的心理过程不同，某些方法具有较强烈的学科特点。

4. 依据教师的自身素质选择教学方法

任何一种教学方法，只有适应了教师的素养条件，并能为教师充分理解和把握，才有可能在实际教学活动中有效地发挥其功能和作用。一般说来，教师往往使用那些掌握得比较好的教学方法，当然教师在实践中总会因自身的某些方面的特点，并根据自己的实际优势，扬长避短，选择与自己最相适应的教学方法。

5. 依据教学环境条件选择教学方法

教师在选择教学方法时，要在时间条件允许的情况下，应能最大限度地运用和发挥教学环境条件的功能与作用。

（二）教学方法的有效运用

教师选择教学方法的目的，是要在实际教学活动中有效地运用。

1. 不断丰富和调整自己的教学方法

在教学实践活动中，每一种课型、每类问题，都有自身的特点。教师在教学实践中，都不同程度地积累了自己富有实效的应对方法。这些方法也许是学来的，也许是自己创造的，但都有一个共同的优势，那就是适合自己的特点。选择什么样的教学方法要看它是否适合眼前的学生、是否符合新的教材和大纲要求，新的年级、其他班级的学生、别的教师等能否应用，不能用又将如何修改、调整，这些也是教学方法积累中必须考虑的。

2. 积极吸收已有的教学方法

在教学实践活动中积极吸收先进的教学方法是每一个教师的愿望，目前在国内外，存在着大量的经过实践证明是行之有效的教学方法，这些方法通过不断应用并在实践中检验、论证、完善，如电化教学法、发现教学法、引探教学法、建构主义教学法等，与传统的教学法相比已有许多新的发展。根据自己教学实际的需要，吸汲已有的教学方法为自己的教学所用，是应该提倡的。应用中要注意遵从教学策略的要求，切忌简单机械地任意套用，要适合自己的实际条件。

3. 教学方法的组合

在教学活动中，一节课、一个问题的解决，依靠一种方法往往难以完成任务。这就需要各种教学方法的搭配或有机组合。可以一法为主，多法相助，如利用演示法教学时应有谈话法作为补充，也可以用其他方法来补充某种方法的不足，在组合、搭配教学方法中往往存在着方法之间的矛盾，从而影响解决问题的效率。在具体的教学中，应使所需要采用的多种方法构成有机的整体，以便更高效地解决问题，这就是已有教学方法的有机组合，也是形成教学策略的又一重要途径。

4. 对已有方法的改造

由于实际中的主客观条件不同，原有的教学方法可能无法实现教学目标，要想更有效地完成教学任务，就必须改变原有的教学方法。如在教学中，采用自学辅导教学法。这种方法是在教师的指导下，通过阅读教材的课文和例题，在已有知识的基础上通过自学、自练、自己批改作业等手段达到学习目的。如在素质较好的班级中，教师就可以大胆放手，让学生按规定目标，自觉参与学习并完成学习任务。这时可以是学生自学为主，教师指导为辅。而在较差的班级里，尤其是学生缺少自学经验的时候，教师就应改变自学为主的设计，以辅导为主。即使学生初步掌握了自学方法之后，也要伴随较多的指导与启发。

5. 其他学科教学方法的借鉴

在低年级数学教学中，考虑到刚上学的孩子，还习惯于幼儿园中凭借游戏学习的特点，有的教师采用了游戏教学法。尤其刚入学的小学生，他们对游戏这种把娱乐、探索和学习融为一体的学习方式颇有亲切感。实践证明，在小学低年级数学教学中，穿插一些游戏活动，对学生的学习十分有益，使学生在游戏中能主动地学习知识，发展自身素质。这便是一种方法的借鉴。在教学方法和教学手段的选择与运用上，应形成各科教学的有机结合，并相互借鉴和补充。教学活动中，不同学科、不同年级、不同风格的教师，均有各自的特点，但也有共同之处。所以，其他学科中富有实效的教学方法，完全有可能在自己的教学中应用。例如，很有影响的暗示教学法，过去只应用于英语教学中，近来有的教师将它引进数学教学，如乘法口诀教学，同样也取得了很好的效果。

6. 教学方法的创新

为了不断适应新的社会环境和新的教育观念，为了各学科知识体系的不断更新和教学条件的不断改善，教学方法也必须有新的发展。教学实践中，在充分吸取原有教学经验的基础上，我国小学教学方法改革在教学实践中取得了突出成果。这些新方法有一个共同的特点，就是充分调动学生的学习积极性，激发学生学习兴趣和求知欲，强调教学应该教学生如何学，促进学生个性的发展。

第二节　信息化教学方法概述

一、信息化教学方法的含义

信息化教学方法是教育者和学习者为达到一定目的，使用现代教育媒体而形成的教与学的活动途径和步骤。这种工作方式主要指教与学的活动途径和步骤。信息化教学方法是教学方法体系的一个组成部分，与其他教学方法没有本质上的差别。但是，信息化教学方法强调媒体或信息技术手段的应用，是围绕现代教育媒体的应用而形成的方法。

信息化教学方法必须依靠现代教育媒体而展开工作。这是其区别于其他教学方法的特征。在信息化教学方法中，现代教育媒体的作用是多种多样的，在不同的教学环节中其作用可以有大有小，但它们却是不可替代的。

信息化教学方法必须依据一定的教学理论而展开工作。这是一切教学方法的共性。信息化教学方法不刻意追求某一个教学理论，各种现代教学理论对信息化教学方法都具有指导意义。此外，现代教育媒体的应用并不意味着信息化教学方法与现代教学理论就有了天然的联系，先进的思想可以影响它，传统的思想也可以影响它。从某种意义上而言，信息化教学更需要现代教学理论的指导。

信息化教学方法必须指向一定的目标，解决一定的问题。教学方法的应用要在教学目标的导向下进行，如果没有目标，教学方法也难以有成效。

信息化教学方法有其结构。这一结构是根据教学的需要，应用现代教育媒体而形成的一系列步骤、环节和过程等。教学方法在实施中都要展开其步骤和环节等结构性因素，但是信息化教学方法的实施、现代教育媒体的应用会使这些结构性因素发生变化。如有些教学活动，在现代教育媒体的支持下，可以使教学双方的步骤非同步展开。

信息化教学方法来自两方面：其一是在原有的教学方法的基础上融合了现代教育媒体的应用，使得这些方法有了新的特点，如在传统的讲授法的基础上结合了幻灯、电视等媒体的演播；其二是在运用现代教育媒体的基础上形成了新的教学方法。

二、信息化教学方法的分类

从不同的性质特点出发，可把信息化教学方法分成不同的种类。分类的目的在于明确各种信息化教学方法的概念、特点，以便能够正确选择运用。

（一）从学科性质分类

按照学科性质的不同，信息化教学方法可分为语文信息化教学法、数学信息化教学法、物理信息化教学法、化学信息化教学法、地理信息化教学法等。学科信息化教学方法是研究信息化教学媒体在不同学科中的运用方法，主要是研究信息化教学媒体对不同学科内容的表现方法。

（二）从媒体种类分类

信息化教学媒体丰富多样，各种不同的媒体在教学中有不同的使用方法。据此分为幻灯投影教学法、广播录音教学法、电视教学法、电影教学法、计算机辅助教学法、语言实验室教学法等。媒体教学法的实质是研究各种不同的媒体在教学中的具体运用，包括运用的原则、环境要求、具体方法等。

（三）根据媒体的教学属性分类

综合考察各种信息化教学媒体的教学属性、主要刺激的感觉器官、依据的教育教学理论等因素，信息化教学方法可分为媒体播放教学法、程序教学法、训练教学法、微型教学法、成绩考查法等。

（四）以教学内容来分类

主要有以传授知识为主要目标的播放教学法和程序教学法、以训练学生技能为主要目标的微型教学法、以检查学生学习成绩为主要目标的成绩考查法。

三、信息化教学的基本方法

目前，在教学实践中可用的信息化教学方法多种多样。在信息化教学中，必定要借助于一定的信息化教学方法具体运用到各学科各课题，这就需要教师利用有限的几种基本教学方法，根据具体教学情况加以选择或综合运用，从而创造出适用于某一学科中某一课题的某一具体情景的具体教学方法。当我们从这些方面对信息化教学的基本方法进行具体的分析之后，就能较好地认识它，教师便可根据教学内容的不同、教学对象的差异、教学目标的区别、教学时间的松紧和自己的特长，选择运用一种或几种基本教学方法创造出生动活泼的具体教学方法。下面围绕信息化教学方法的特点、优势、应用步骤、适用范围和条件等问题，介绍一些基本的信息化教学方法。

（一）讲授—演播法

讲授—演播法是将教师的讲授与播放媒体相结合的教学方法。这是课堂教学中最常见、最普遍的方法。教师的语言表达是进行教学信息传递的最基本的途径之一，讲授的方法具有最悠久的历史。现代教育媒体的出现，给古老的讲授法增添了现代化的色彩。其特点是讲授、讲解能充分发挥教师语言表达的优势，渗透教师个人的语言特色和魅力，可以将知识的逻辑关系和结构系统地传授给学生，以较少的时间向学生传授更多的知识；而媒体的演播可以让学生看到和听到所学的事物和现象，拓宽了学生认识客观世界的时间和空间。在教师口头讲授的同时，利用媒体手段把讲授中的难点和重点内容，尤其是抽象的内容加以表现，或给学生提供直观形象的内容，或给学生设置情景，使教师的讲授锦上添花，既增加了教师对信息的表达能力，也丰富了学生获得信息的形式。

讲授—演播法把讲授的特点与媒体播放的特点结合起来。现代教育媒体在讲授—演播法中主要扮演辅助教师讲授的角色，如呈现事物和现象的图像和声音、增加感性的材料、烘托课堂气氛、精练板书等。讲授—演播法既可以教师讲授为主，媒体的播放围绕讲授而展开；也可以媒体播放为主，讲授结合媒体的播放而进行。

讲授—演播法的应用步骤有多种，这里举两个典型的步骤。

1. 第一种典型步骤的具体活动内容

（1）唤起回忆、引入课题：利用媒体展示事物的图像对该事物的回忆，同时引入课题。

（2）提出问题、锁定任务：教师对事物介绍的基础上提出问题，引出和锁定本节课的任务。

（3）进行活动、实现目标：教师播放媒体，给学生观看相关的视听内容，并指导学生阅读文字材料，通过思考、回答问题等一系列活动实现教学目标。

（4）总结完善：教师用投影片和概要、简练的语言进行总结。

2. 第二种典型步骤的具体活动内容

（1）引入课题：以媒体展示具体事物的形象，暴露问题，把学生的注意力引入课题。

（2）转化概念：把形象的东西转化成抽象概念。

（3）学生活动：教师进一步提供新的材料，让学生进行思考、议论等活动。

(4) 教师总结：教师进行总结。

(5) 概念应用：学生在新的情境中运用所学的概念解决问题。

讲授—演播法的适用范围和条件：讲授一演播法适用于教材系统性强的学科，适于传授和学习事实、现象、过程性的知识，而且较适用于中学和较高年级。使用这种方法需要教师有较强的语言表达能力和运用现代教育媒体的能力，并且要求学生有较高的学习自觉性和听讲的能力。

（二）程序教学法

程序教学特点是：在教学过程中，程序教学法的学生能够积极参与学习活动，思维始终处于高度积极的状态；能充分发挥学生的主观能动性，使学生创造性地学习；人机交互中信息反馈及时，强化有力、指导有方、评判公正；不同的学习者可以自定步调，适应个人的学习进度，有利于个别化教学；对学习能力较差的学生来说是一种有效的学习方法；能有效地缩短学习时间；有良好的激励功能，增强学习信心。

程序教学的应用步骤如下。

1. 程序材料设计

教师和程序设计人员根据需要，把内容与学习过程加以结合，设计有关程序化的教学材料（课件）的方案。

2. 程序材料编制

程序编制人员根据设计方案，编制程序化材料。

3. 生机对话交互学习

学生操作设备（计算机），与之对话，在程序教学材料的引导下进行学习。

4. 总结评价

教师对程序学习的结果进行总结和评估。

程序教学适用范围和条件：程序教学特别适用于下列情况：帮助优等生学习一些教师因教学时间的限制而未能讲授的扩充性的学习内容，对学生进行补习性辅导；为学生提供预备性知识；要求标准化行为的教学；开设学校由于缺乏优秀教师而难以开展的课程；开展个别化训练。

运用程序教学方法必须注意以下基本要求。

首先，选用或编制结构合理，配置适当的高质量的课件。一个好的课件应具有人工智能的特性，即在人机对话过程中，能从学生的应答反应了解其掌握知识的情况，从而做出有针对性的教学决策，以提高运用程序教学进行学习的效果。

其次，教会学生使用教学机器。在运用程序教材进行学习前，学生必须懂得计算机操作要领。因此，必须对学生进行事先培训。

再次，明确学习目的，与文字教材配合使用。应用过程中应有明确的学习目的，注意与传统文字教材结合起来，用程序教材学习要求学生有较高的自主精神和负责态度。

最后，注意与常规教学方法结合起来。程序教学虽有优点，但也存在着削弱师生之间、学生之间即时信息交往等方面的不足。因此，运用程序教学法时，必须与常规教学有机地结合起来，使之相互补充、相互促进。例如，学生在使用程序教材学习之前，可在教师的引导下掌握所学内容的知识背景、基本概念、术语，理解学习目的和思路，然后学生通过上机练习，消化所学知识或形成技能等。

（三）问题教学法

问题教学法就是为启发学生的思维和培养其解决问题的能力，教师与学生围绕某个实际问题而使用的教学方法。它是一种以学生为中心的教学方法。问题教学法的核心是培养学生的思维能力。信息技术在这种教学方法中起着关键的支撑性作用，它被用来作为呈现问题情境，分析、解决问题的工具。

问题教学法的特点是教学过程中更加注重师生之间的关系处理，突显教师是辅助者、引导者的作用，通常以问题情境来组织教学，以此引起学生思考，促使学生运用知识，分析问题、解决问题，增强学生自主学习能力，同时借助信息技术工具，建立沟通协作渠道，促进人际交往能力和团队合作能力的提高。也就是说，问题教学法以学生为中心开展教学，以问题为教学驱动力，以小组为教学组织形式，通过过程性评价促使学生能力发展。

问题教学法的基本步骤如下。

1. 创设情境，提出问题

教师充分利用各种信息技术，如借助多媒体教学系统，通过让学生观看相关影视资料、浏览相关网站等多种方式来提出引导性问题。把学生带入问题情境之中，针对问题情境，向学生布置任务；学生接受任务，回忆早期的经验、产生学习的动机和学习的责任感。

2. 分析问题，明确问题，组织分工

在教师的组织下，学生讨论解决问题的可能方法，教师帮助学生分析问题情境，理解问题的情节和情形，进一步找到问题的本质，并对问题进行界定、阐述。教师根据学生的兴趣和能力，将学生分组，分配学习任务，提供相关资源。

3. 探究发现，解决问题

教师向学生提供有关材料、参考资料等学习资源，同时学生通过各种途径，借助并利用信息技术，查找、收集与问题相关的信息与资料；小组成员对收集到的信息进行归类、整理、分析，然后通过相互交流、形成解决问题的方案。

4. 展示结果，进行评价

各小组以幻灯片等形式陈述、展示他们在解决问题过程中的计划和任务安排，完成任务的过程，解决问题的建议、主张；最后通过自评、教师评价相结合的方式，以过程评价为主，终结性评价为辅，对学习成果进行评价。即各小组对各自的问题解决方案自我评价，小组之间对方案相互评价，教师评价每个小组的学习成果以及在整个问题解决过程中的方案方法的优劣，并向学生提出新的类似的问题，学生尝试解决新的问题等。

问题教学法的适用范围和条件：问题教学法的应用需要信息技术的支持，教师能通过信息技术工具创设问题情境，学生能够利用信息技术工具获取丰富的信息资源，师生之间能够利用信息技术搭建沟通交流平台，这样才能保证其有效开展。问题教学法适用于教授各学科领域的概念、规律、理论等教学内容，适用于实践性强的教学内容。

（四）探究—发现法

探究—发现法就是在教师的安排和指导下，主要由学生借助现代教育媒体进行探索、发现问题，从而掌握知识的方法。教师借助现代教育媒体设置问题情景，提出促使学生思考的问题；学生利用现代教育媒体去收集、查询有关信息，寻找问题答案。这是一种以培养学生创新和实践能力为目的的教学方法。该方法的主旨在于在教学中不给学生提供现成的答案或结论，而是由教师提出问题或设置特定情境的刺激，促使学生自我探索和发现问题，以类似科学研究的方法去获取知识和应用知识，从而掌握要学的知识，调动学生学习的积极性和主动性，培养学生发现问题、解决问题的能力。

探究—发现法的特点是：在探究活动中生成知识，获得的知识印象深刻、不容易忘记；可以发展学习者的分析、综合和评价等高级思维能力，培养发散性和创造性思维；学习者能亲身发展科学知识，帮助他们更好地理解科学的本质。在此方法的应用中，体现出来的是做中学的思想，让学生自己主动学习，亲身实践，探究知识；教师只是提供指导；信息技术不再辅助教师讲授，而是帮助学生认知和探索世界。

探究—发现法的应用步骤如下。

1. 教学准备

让学生了解探究—发现法的基本技能，提出探索与发现的基本要求，让学生掌握进行探究与发现的工具，提供必要的信息检索指南、专业网站的地址等，使学生知道如何有效地进行探究与发现学习。

2. 设置情景，熟悉任务

教师进一步向学生提供有关需要探究或发现的问题情境，引导学生关注有关的主题，并向学生提供必需的学习材料，以便让学生熟悉任务，进入问题情境之中。

3. 发现问题

学生在教师的要求和引导下，结合过去的知识和经验自行发现问题，确定探究的方向。

4. 搜集资料，解决问题

学生通过各种途径、形式自行搜集资料，如参考和实地考察、调查和采访、进行实验、查阅文献、观看影视录像、个案追踪分析等。搜集资料不是目的，而是了解事物的手段。因此，接下来学生应用现代教育媒体，如计算机网络等工具，自行搜集、加工整理资料，对搜集到的数据资源进行筛选、归类、统计、分析、比较，然后在教师的指导下，得出结论或答案，解决问题。

5. 反馈评价

对学生得出的结论或答案，教师要进行点评和总结。

探究—发现法的适用范围和条件：探究—发现法的应用需要教师较强的应变能力和运用现代教育媒体的能力，同时需要学生自主学习能力和信息技术应用能力，尤其是计算机和网络通信技术。有了这些条件保障，才能够激发学生的学习动机，引导学生，利用信息技术工具和手段，在自主学习环境中进行探究。探究—发现法适用于教授和学习概括性、规律性的知识，适用于对未知领域的问题探究，或对已有知识进行个性化的再认识。这种方法适用于高年级的学生。

（五）微型教学法

微型教学法是指教师借助电视摄、录像设备培养学生某种技能的教学方法。由于该方法是在小教室中对学生的某种技能进行培训，培训时间短、规模小，故称之为微型教学。

微型教学法首先在教师培训上获得成功，其后被其他学科领域的技能训练纷纷采用，成为一种卓有成效的教学方法，被广泛地应于各种职业技术训练上。它是让教学对象扮演一个职业角色，表演所要求的一系列活动，利用现代摄录设备记录这一过程，然后指导教师与角色扮演者一起观看重放的录像，进行分析评价，找出差距，再做同样的工作直到掌握所要求的职业技能为止。

微型教学法的应用有以下几个特点：人数少、易操作、微型化。由少数学习者 5~10 人组成“微型课堂”，以真实的学生或受训者的同学充当“模拟教师”和“模拟学生”，通过不断轮换学生，以保证每个学生都有充分的机会得到培训和个别指导，这样既容易操作，也可使课堂微型化。训练时间短，技能单一，目的明确，重点突出。在教学培训中把内容进行分解，将综合性的教学技能分解为一个个单一的技能。

微型教学法应用需要按一定的程序对学生进行特定教学技能的训练。微型教学包括如下基本步骤。

1. 确定训练目标，明确学习技能

要使学生在教学活动开始前了解每一项技能的理论和方法，并掌握各个技能的执行程序和实施要求。通过多次实践、评价、修改，使技能趋于完善，并通过综合训练，形成技能。

2. 学习研究技能，观摩技能示范材料

在进行微型教学实践前，应先组织学生对各项技能的有关理论、方法程序、实施要求进行学习研究。并且通过播放反映某项技能的示范性录音、录像资料，使学生对教学技能的事实、观念、过程、操作程序有形象化的了解，使学习者获得技能模仿的样板，使训练目标和要求更加具体化。

3. 角色扮演，声像记录

要组成微型课堂，让学生进行角色扮演，被训练者实践一两项技能，模仿表演前面观察的技能，同时用电视录像设备录制被训练者的行为，以便能及时准确地反馈。

4. 重播录像，自我分析，讨论评价

实践活动完成后要重放录像，让被训练者以“第三者”的身份观察自己的行为，并找出不足。被训练者看过自己的实践录像后，首先要进行自我分析，检查实践过程是否达到了预定的目标。指导老师、评价人员、学生角色都要从各自的立场来评价实践过程，通过分析、比较，肯定成绩，指出不足，以便改进。

5. 再实践，再改进

经过评价，已经达到基本要求的可进入下一技能的学习，实践新的教学技能；未达到要求的则需要根据反馈信息和教师的点评，做进一步练习。

微型教学法适用范围和条件是：微型教学法是进行技能教学的有效方法。适用于教师教学技能的培训，也适用于艺术、体育等学科的技能或动作行为的教学。这种教学方法需要在微型教学系统中实施。

（六）模拟训练法

模拟训练法就是利用现代教学媒体模拟自然现象、运动状态和过程或者是特定的工作环境而进行实验和训练，以揭示其规律的一种教学方法。模拟训练法的特点是：

1. 突破教学条件限制，方便训练教学

由于各种特定条件的限制，教学中不能用真实环境或事物进行实验或训练，需要用计算机等媒体模拟这些环境或事物，以便于师生经济、安全、省时地进行训练教学。

2. 设备与媒体的广泛应用，丰富了模拟工作环境

模拟训练法最初是用机械装置模拟一种工作环境如模拟汽车驾驶室来培训驾驶技能。计算机被用于模拟训练后，与机械装置结合起来，大大地丰富了模拟的工作环境，

3. 应用信息技术手段，拓展训练类型

由于信息技术手段的应用，训练的类型也从单一形式变成多样化。模拟训练法大致有以下四种类型，分别是操作性训练、工作情景训练、实验情景训练、研究方法训练。

模拟训练法的适用范围和条件是：运用该方法要提供可供仿效的适合学生发展的教学信息；要使学生进行仿效训练或亲自操作；要面向全体学生；教师应做好引导，及时分析、评价，明辨正误，分析原因，找出最佳思路和方法；要正确处理模拟教学法与常规的实验法、演示法、参观考察法的关系，在条件允许的情况下，要使它们有机结合起来，以利取长补短；要引导学生抓住事物的本质。

第三节　高校英语信息化教学方法

一、网络教学法

（一）网络教学法的含义

网络教学法是一种包括新的传播媒介以及人与人之间的交互作用的教学法。这些新的

沟通媒介是指计算机网络、多媒体、专业内容网站、信息检索、电子图书馆、远程教育和网上课堂等。网络教学具有三大要素：一是网络环境，即所谓的信息技术学习环境；二是网络资源，即经过数字化处理，可在多媒体或网络环境下运行的教学材料；三是网络模式，即利用信息技术，通过对资源的收集利用，发现知识、探究知识、展示知识及创造知识的学习模式。

网络教学法下采用的教学方法是基于建构主义教育心理学理论的，“建构主义理论”为我们开发大学英语网络课程奠定了理论基础，“建构主义理论认为，知识不是通过教师的传授得到的，而是学习者在一定的社会文化背景下（一定的情境），借助他人的帮助，利用必要的学习资源，通过意义建构的方式获得的”。同时，建构主义理论还强调以学生为中心，认为学生是认知的主体，是信息加工的主体，是知识意义的主动建构者，教师的作用应由知识的传授者、灌输者转变为学生主动建构意义的帮助者和促进者。

加快我国教育信息化的步伐，根据各地区经济发展不平衡的现实，分三个层次推进信息化教学。这三个层次分别是：第一，以计算机多媒体为核心的教育技术在学校的普及与运用；第二，组织学校上网，利用网上资源；第三，开办远程教育，提供丰富的学习资源，不断满足人们终身教育的需求。随后，网络教学受到我国教育界的普遍重视，成了发展教育的一大热点，一些有条件的学校纷纷试水利用网络辅助大学英语教学。

（二）网络教学法的构成

笔者认为网络教学可以实施以实时传播、资源检索、课程测试、教学论坛及休息娱乐几个模块构成的具体形式，分述如下：

（1）“实时传播”为教师、学者搭建了在线交流的平台，构建自主学习的语言环境类似于网上“英语角”，学习者可以和教师围绕一个主题的若干部分，将听、说、读、写融为一体，开展课堂内外相结合的相关教学，达到知识构建的目的。

（2）“资源检索”为学生提供大量的学习资源，包括语言应用及各种考试资料等内容，学习者可以根据各自不同的学习目的找到自己所需要的资源。

（3）“课程测试”是教师针对学生而设计的通过在线网络进行自我检测相关课程的自主学习效果的模拟考试形式。

（4）“教学论坛”是学习者进行交流学习内容与学习方法，以及教师为学习者答疑的交流平台。教师和学习者都可以进行留言，对学习过程中遇到的问题进行讨论与交流。

（5）“休息娱乐”是教师为学习者提供的一些优秀的外文影视、文学作品或者一些与外语相关的笑话、游戏等，可以让学习者在学习之余体验英语文化，轻松心情。

由于网络资源过于丰富，良莠不齐，教师还应当在对学生在网络学习的过程中进行适当管理的同时对其进行有效的监督。

（三）网络教学法的特点

网络教学为学习者提供了个性化学习的条件，网络教学软件也能为不同层次、不同类型的学习者提供各自的需求空间，能针对不同的学习者选用不同的教学内容、教学手段以及检测评估系统，充分实现个性化学习的目的。利用网络技术，使教师对学习者的课外学习情况的了解与监督变成了可能。同时，在网络上有针对性的辅导，更能满足学习者的个性化需求及学习兴趣，避免了僵化的统一管理模式。

二、微课

（一）微课的含义

微课，顾名思义就是微课程的简称，它是基于教学资源、学生、教师等以某一个主题为模块组织起来的小规模的课程教学过程。微课的形式主要是以视频为主体，教师利用几分钟的时间围绕某个知识点或者教学环节录制教学视频从而对学生开展教学活动。总的来说，微课就是在传统日常教学基础上发展起来的一种新型的教学资源。其课程特点是具有一定的控制性，能使学生和教师在短时间内集中解决某一特定的教学行为，或在有控制的条件下进行学习。这样的教学适合当前人们的学习环境及学习习惯，有助于实现教学的现代化。

微课教学的推广是需要信息化发展作为保障的。影响微课发展的因素主要从两个方面看：一是教师，二是学生。对于教师来讲要制作微课是需要一定的技术保障的。由于大部分教师都不是相关专业教师，所以对拍摄视频等技术不能很好地掌握。然而，由于信息时代的到来，微课拍摄与制作在硬件和软件上均取得了重要突破。

（二）微课教学的特点

首先，微课教学的“微”字就体现了其容量“小”的模式特点。在微课教学中，课程内容主要是针对教师在教学过程中的一些比较重点的细小问题来进行讲解的。我们可以以英语语法为例，在传统的教学当中教师往往会把一个语法从上到下所有的相关内容在一节课上进行讲授，这就造成了学生学习的乏味感，而微课教学的内容就不尽相同了，它并不是对某一个语法点进行长篇大论，而是将这个语法点里最重点、最实用的知识点进行提取，再以微课的形式向学生传授。这样的教学特点更能体现出一个知识点的深度而不是广度。学生如果利用这样的教学方法进行学习，可以更深层次地理解某一个语法问题。同时，由于几节课的教学容量较小，所以避免了学生觉得太长而听不下去的问题。

其次，微课教学讲究的是教学内容要灵活。即微课教学内容的选取范围相对广泛，内容相对集中。这样的特点对于大学英语的教学也是非常有用的。由于教学内容的选取具有广泛性，在教学当中教师可以对大学英语里面多个内容知识进行选取。这就避免了传统教学中的课程单一性的问题。

最后，微课教学具有选题“务实”的模式特点。首先，微课教学的选题不会像课本一样一定要按照某一脉络进行选题，它的选题往往立足于当前的社会需求及热点问题，选题贴近学校、贴近教师、贴近当代的教育教学实际。在大学英语教学中，这样的特点可以大大提高学生在英语学习过程中的参与度，学生可以从自己的实践中提炼经验，让自己的经验体现自己的特点，从而提高他们对于大学英语的学习热情。

第四节　高校英语信息化教学资源

信息资源是人类社会认识世界和改造世界的精神产物，它凝聚了人类的智慧成果。在一定条件下，信息资源的创造者享有知识产权，它具有商品的属性，可以被销售、贸易和交换；但是，就信息资源的共享性特征来说，信息和知识一旦物化为信息资源，并通过一定方式供人们交流和传播时，它就自然变成了人类社会共享的精神财富、共享的社会财富，任何人无权全部或永久买下信息的使用权。这时，信息资源就可以被人们反复利用、复制、传递和再生，为经济建设和社会进步服务。

一、教学资源的分类

不同的教育群体根据不同的标准将教学资源分为不同的类型。如有专家认为教学资源包括教学资料、支持系统、教学环境等组成部分；也有专家将教学资源分为学习素材和教学环境两大类；而教育一线的教师更倾向于将教学资源分为教师教学资源和学生学习资源。

一部分专家认为教学资源包括教学资料、支持系统和教学环境三大类。

（1）教学资料中蕴含了大量的教育信息，能创造出一定教育价值的各类信息资源。信息化教学资料指的是以数字形态存在的教学材料，包括学生和教师在学习与教学过程中所需要的各种数字化的素材、教学软件、补充材料等。

（2）支持系统主要指支持学生有效学习的内外部条件。包括学习设备的支持、信息的支持、人员的支持等。支持系统作为资源的内容对象与学生沟通的途径，实现了媒介的功能。它与资源组成的构成相关联，是我们认识学习资源概念的结构性视角。

（3）教学环境不仅指教学过程发生的地点，更重要的是指学生与教学材料、支持系统之间在交流的过程中形成的氛围，其最主要的特征在于交互方式以及由此带来的交流效果。教学环境是学生运用资源开展学习的具体情境，体现了资源组成诸要素之间的各类相互作用，是我们认识学习资源概念的关系性视角。

二、信息化教学资源的类型

通常认为，“信息化教学资源”属于信息资源的范畴，是从狭义理解上的一种特殊的信息资源，是“经过选取、组织使之有序化的，适合学生自身发展的有用信息的集合”。在信息化时代，有专家认为世界上的知识总量每3~5年就翻一番，网络几乎成为最主要的信息来源，然而，教育信息资源相对于其他信息仅占一小部分。但是这一小部分的信息资源相对于我们的需要来说已经很多了。面对这么多的教育信息资源，为了便于查找，有必要将它们进行分类。

（一）形态上划分：八大类

从资源的形态上，我们习惯把网上的教育信息资源划分为以下八大类：电子书籍、电子期刊、网上数据库、虚拟图书馆、电子百科全书、教育网站、电子新闻组和虚拟软件库。

1. 电子书籍

现在网上电子书籍的类型主要有名家的经典著作、网络畅销书等，如莎士比亚的著作、金庸的小说。目前，使用网上的电子书籍通常是免费的。然而，随着读者越来越多地利用网上资源以及相应的有关版权问题，有部分电子书实行收费制度。

2. 电子期刊

电子期刊主要包括电子报纸、电子杂志和期刊、电子新闻和信息服务等。电子期刊现在已经成为主要的网上信息资源。由于电子期刊方便查找和阅读，需求量也越来越大，其内容基本与印刷期刊的内容相同。

3. 网上数据库

网上有各种各样的数据库，如图书馆目录、专门用途的数据库和地址簿等，但只有前两种可以用于教育。网上数据库越来越多，而且使用起来非常方便。数据库的界面设计都非常人性化，只要你学会了计算机的基本操作，那么使用数据库基本上就不成问题了。

4. 虚拟图书馆

虚拟图书馆是一个比较广泛的概念，可以泛指各种有组织的网上信息库。如清华大学虚拟图书馆、万维网虚拟图书馆等，当然这些属于比较严肃的学术和科研机构建立的网上信息库。这些信息库广泛收集网上的学术作品和相关网站地址，按一定规则进行分类编目，有的用超文本建立索引，有的用关键词检索等。此类虚拟图书馆由于有专业人员对信息进行筛选和组织，信息质量比较高，具有很高的参考价值。

5. 电子百科全书

到目前为止，相对于印刷的百科全书，电子百科全书在某些方面还存在一定的局限性，尤其是在照片和其他多媒体元素方面。不过，我们相信随着信息技术的发展，电子百科全书将能克服这些不足，而且能够提供更广泛、及时的信息。电子百科全书的另一个优点是它基于超文本设计，这样易于浏览查询。

6. 教育网站

一些与网络相连的教育机构逐渐开始发布它们自己的数据资源，如用于课堂教学的附加材料、学生的论文，甚至是完整的网上课程。教育站点的内容通常包括涉及中小学和高年级教育的所有方面。

7. 电子新闻组

这些基于电子邮件的讨论列表是根据不同的用户感兴趣的主题，一级一级组织起来的。利用新闻组，学生可以同世界各地的用户交换信息。新闻组的规模有大有小，教师在为学生推荐个人新闻组时应该考虑到这一点。

8. 虚拟软件库

虚拟软件库专门收集免费软件、共享软件，可供自由下载使用，但共享软件对使用期限有一定限制。

（二）结构优良性：三大分类

不同的信息化教学资源，在教学中有着不同的应用倾向。针对以信息技术为载体的教学资源而言，从结构化视角将其分类：

1. 良构化教学资源

指那些结构良好的数字化教学资源，它们构造规范、组织清晰，利用元数据进行归档管理，便于检索和利用。

2. 劣构化教学资源

指那些离散、片段、格式不一的数字化教学资源信息，它们的结构形态低劣或不完善、无序化。网络上的劣构化教学资源也非常丰富，如教师的教学反思、教学案例等。

3. 半结构化教学资源

随着教学资源的开发，半结构化的教学资源深受一线教师的喜爱。半结构化教学资源虽然组织清晰，但也有待改善。

无论是良构化教学资源、劣构化教学资源还是半结构化教学资源，均对教学资源的开发和使用起到积极的作用。

（三）内容相关性：三大类

分为“内容特定”“内容相关”“内容自由”三大类。受此启发，将其进一步拓展到资源分类中，可以将信息化教学资源分为如下几类。

1. 内容特定的教学资源

根据具体课程教学内容而特定设计的资源，如试卷、练习等。它们通常针对明确的教学目标而设计开发。

2. 内容相关的教学资源

内容与课程有部分关系的资源，如各种电子读物；或者是内容与课程有间接关系的资源，如游戏软件；或者是包含课程之外的大量拓展内容，如电子百科。

3. 内容自由的教学资源

实际上是一些用于支持普通学习活动的原始资源素材和工具性软件，主要包括原始素材、内容开放型网页等。

在实际教学活动中，各种信息化教学资源都得到了不同层次的运用，尤其是良构教学资源，这一维度的教学资源有着使用方便、操作简单、效果明显的优势，使其在教学活动中频繁出现。但是，为了更好地发展学生的各种能力，一线教师更应该在重视良构化教学资源的基础上，将教学资源向劣构化以及内容的自由化方向上发展。

三、大学英语教学资源建设的意义

（一）有利于促进教师教育观念的更新

广义的教学资源概念带来了全新的课程理念，教材不再是整个教学活动的中心，教师对学生的评价也不再以学生是否掌握了书本内容为准，而是基于整个教学活动的课程目标完成情况。全新的教学模式和评价标准不管对教师还是学生都是一种挑战。对教师而言，整个教学设计过程和实施都围绕教学活动是否有助于课程目标的完成，除了关注是否完成了教材上的教学内容外，更要思考如何高效开发大学英语教学资源，培养学生的自主学习能力，引导学生完成课程目标。对学生而言，他们需要考虑的是在整个学习过程中学会了做什么，而不单单考虑是否已掌握书本上的知识等。

（二）有利于教师专业成长

接受新教学资源观熏陶的大学英语教师，不会再日复一日地重复使用相同的教材、教案和教学课件。他们会紧跟时代发展的要求，更新自己的知识结构，不断加强对教学内容、教学活动设计、课堂组织模式、课堂评价方式等的反思，以改进自己的教学。同时，大学英语教学资源的不断丰富，使得学生的自主学习成为可能，兴趣和爱好驱动着他们对教材进行深度理解的同时，不断拓展自己的知识面，将课堂上所学到的知识应用于实践之中，使得自己的英语语言应用能力得到迅速提高。同时，学生大学英语学习的成功迫使教师加大投入，去深挖教材，研究语言学习规律，强化语言教学策略，以提升自己的综合素质，更好地服务于教学。

（三）有利于提高学生的综合素质

传统的大学英语教材旨在帮助学生加强英语基本功建设，不管是文章的体裁、选材的主题、选材的长度，还是课文的难度都是面向大众化学生，不会关注学校与学校间学生的英语水平差异、同一学校间学生的专业差异、学生个体的学习需求等因素。丰富的、个性化的教学资源的开发和利用不但是对原有教材内容的补充，也构成了第二课堂，与第一课堂开展联动，形成了较好的学习氛围，拓宽了学生视野，激发了学生的学习兴趣，最终促进学生思想、品德、行为、知识、能力和人格等的全面发展。

（四）有利于大学英语课程开发

大学英语教学资源种类繁多、形式多样，开发和利用过程中必须进行有序化管理。同时，系统的大学英语教学资源建设工作量大，不是一两天能完成的，短则几个星期，长则一两年，因此，需要分工协作。由于该项工作能推进大学英语教师的专业化发展，教师的付出不但能提高教学质量，随着时间的推移，还会产生浓厚的兴趣，不断地去深化这项工作，最终积累的资料越来越多，到一定程度，这些教学资源经过整理、加工、补充和完善，就形成了一门新的公共选修课程的雏形。于是，大学英语选修课程群又增加了一位新成员。

（五）有利于培养学生自主学习能力

大学英语教学资源的开发与利用，主要以课程目标的达成为根本出发点，以学生身心的完整和谐发展为终极目的。传统的教学将学生局限在课堂这一特定的场所，教学资源以教材为主，没有充分唤起学生的学习积极性、主动性和创造性。在新教学资源观下的大学英语学习模式中，学生学习的时空范围得以扩展，可随意选择丰富多彩、形声俱备、图文并茂的教学资源。学生成了学习的主体，他们自己决定英语学习的内容、时间、场所、进度、节奏以及学习质量的监控，从根本上改变了以往师生单向的知识传递方式，把“要我学好英语”转变成了“我要学好英语”，形成了多方位的、多元化的自主学习渠道。

（六）有利于形成性评估的实施

检查课程建设是否达到预期目标需要依靠评估。因此，对课程进行全面、客观、科学和准确的评估对实现课程目标至关重要，它既是教师获取教学反馈信息、改进教学管理、保证教学质量的重要依据，又是学生调整学习策略、改进学习方法、提高学习效率的有效手段。长期以来，大学英语课程教学评估主要依靠终结性评估，注重结果，较少关注形成性评估，忽视学习过程。

四、大学英语教学资源建设的原则

大学英语课程资源建设是辅助大学英语教学的重要举措，是学生开展个性化学习的前提。在建设过程中应坚持以下原则。

（一）“学生为中心”原则

所有大学英语课程资源的建设都是围绕学生的英语学习动机和兴趣而展开的，为学生创造良好的学习氛围，为学生努力学好英语铺路搭桥。因此，不管是资源建设的决策和规划阶段，还是实施、检查和改进阶段，都要以学生的实际需求为出发点。不但要关注他们的知识类资源，还要关注他们的情绪类资源、问题类资源、错误类资源、差异类资源和兴趣类资源，尽可能让他们成为学习的绝对中心，成为知识意义的主动建构者。确保教材所提供的知识不再是教师传授的内容，而是学生主动建构意义的对象，媒体也不再是帮助教师传授知识的手段与方法，而是用来创设情境、进行协作学习和会话交流的工具，即作为学生主动学习、协作式探索的认知工具。

（二）开放性原则

大学英语课程资源建设是一项长期的、系统的积累工作，随着教学改革的不断深入、社会的不断进步和教师专业化发展，已有的课程资源得到更新，新的课程资源得到添加，确保了课程的正常运转。在资源建设过程中，建设者要以开放的心态对待人类创造的所有文明成果，以开放的目光审视周围的事物，开放性原则包括类型的开放性和空间的开放性。类型的开放性指不管课程资源以什么类型存在，只要有利于教育教学，都可以加以开发利用；空间的开放性指课程资源的地域性差异，不管它们是校内或校外、国内或国外，只要能有利于学生知识积累、能力发展、技能提高，都可以加以开发和利用。知识经济是世界一体化的经济，资源的开放性原则是从地区到全球、从微观到宏观、从局部到整体，在不同层次上都要确立的一种基本原则。

（三）前瞻性原则

大学英语课程资源的开发与利用是与学生需求紧密相连的，受现有的课程和现实社会的实际需求推动。但从发展的角度来看，课程资源建设还要与未来社会的发展联系起来。只有这样，才能够帮助学生更好地把握未来社会的一些发展趋势。因此，建设者要具有前瞻性思维，密切关注社会的发展动态，注意吸收当前重要的、有影响力的、处于科技前沿的一些素材，在此基础上开发出对学生来说真正有用的课程资源，对学生加以引导，让他们逐步接受这些新东西，为学生以后的终身学习与可持续发展打下坚实的基础。

（四）经济性原则

在大学英语课程资源开发中，要用尽量少的投入开发最大量的课程资源，即实现低投入、高产出。经济性原则涉及经费、时间、空间和学习四个方面。经费的经济性是指花较少的钱，甚至不花钱，开发出可以服务于学生的大学英语课程资源，如从互联网上提取本校可以使用的英语资源；时间的经济性原则指立足于现实，开发那些适于当前大学英语教学的课程资源，不能等待更好的时机，否则就错过了最佳学习期；空间的经济性原则是指能就地开发的，就不要舍近求远，同时也指课程网站的容量；学习的经济性主要指以兴趣为导向，开发那些能激发学生学习积极性的课程资源。

（五）适应性原则

内容丰富、形式多样的网络资源为开发大学英语课程建设提供了便利的同时，也给开发和利用带来了一定的难度。它迫使人们思考开发什么、以什么形式开发、开发到什么程度等问题。建设大学英语课程资源的目的是更好地服务于大学英语教学，无论在内容还是功能上都要充分考虑教育的需求，要遵循适应性原则，使教师、学生和其他教育工作者能方便及时地获取所需信息，实现资源的利用价值。因此，在筛选资源时，建设者必须了解用户需求，进行需求分析，即结合实际情况，从更加专业的角度对用户提供的需求信息进行科学的分析和表述，确定用户的需求热点和需求方向，做到量身定做或按需供货。适应性原则在大学英语教学中体现为要依据学生语言水平确定语言内容，依据学生年龄特征确定资源形式，依据学生认知基础选择资源范围，依据教学与学习需要确定开发主题。除此之外，大学英语课程资源建设不但要考虑学生的共性情况，更要考虑特定学生的具体特殊情况。

（六）优先性原则

社会的快速发展，科技的突飞猛进，国际合作和交流日益频繁，使得学生需要学习的内容日益增多。同时，知识更新速度加快，更新的周期缩短，使学生的学习远非学校教育所能包揽。很多知识，尤其是书本以外的知识，学生只有依靠社会这所无与伦比的“学校”，把自己融入社会之中，在与他人的交流过程中，抓住一切机会充实自己。因此，大学英语课程资源开发和利用时，必须在可能的课程资源范围内和充分考虑成本的前提下突出重点，优先开发那些学生迫切需要的、能直接服务于学生的课程资源。

（七）规范性原则

随着大学英语教学改革的不断深入，日渐突出了学生在课程学习和资源利用方面的主体地位。学生是知识的建构者，用什么资源，以及怎么用的问题主要由他们自己决定，教师只起着“搭支架”的作用。传统模式下，教师、学生和课程资源，教师起着主导作用。而现在不管是师生间的互动、学生间的互动，还是学生和资源间的互动，教师不再是权威，只是引导者和参与者，学生都起着主导性作用。涉及与资源互动时，由于学生自身水平有限，社会阅历不多，对资源中的某些瑕疵，甚至是错误可能鉴别不出来，可能出现摄入错误的内容，妨碍英语学习。因此，建设课程教学资源时，建设的内容一定要经教师严格审核和把关，确保资源的规范性、客观性和科学性，确保资源没有观点和语言层面上的错误，不会误导学生或让学生产生歧义。

第六章 高校英语教学评价的改革

第一节 高校英语教学评价及其改革的必要性

传统的英语教学评价都是围绕应试教育展开的，无论是课堂教学评价还是学生评价，往往以考试成绩作为唯一的衡量标准，这不仅会扼杀学生的学习兴趣，也会使教师逐渐失去工作热情，因此必须对其进行出改革。大学英语教学评价改革的必要性可以从其意义以及现状两个层面来理解。

一、大学英语教学评价的意义

（一）对师生的意义

对教师来说，大学英语教学评价主要有以下几个方面的意义。

（1）为教学活动提供反馈，有助于教师从中发现教与学上的问题，从而调整教学计划和策略。

（2）能够帮助教师清楚地认识到一个重要事实：教学是一个根据信息反馈而不断发展的形成性过程。

（3）能够为教师和学生提供对话机会，有助于师生间和谐关系的建立与维持，为更有效地开展教学奠定基础。

（4）通过教学评价的一系列环节，教师逐渐能够成为有意识的教学研究者，为日后教学理论的研究奠定基础。

对学生来说，大学英语教学评价主要有以下几个方面的意义。

（1）评价的过程中，学生能够发现学习中取得的成绩和存在的问题，并能够及时纠正自己的一些错误观念和错误假设。

（2）使学生认识到语言学习不是一朝一夕的事情，而是一个长期的过程。认识到这一点，学生就能更好地对自己的学习进行监控，提高自主学习能力。

（3）使学生根据评价结果及时端正学习态度、调整学习策略、改进学习方法，提高学习成绩。

（4）使学生感受到教师对其学习和成长的关心，增加师生间的情感与交流。

（二）对英语教学的意义

大学英语教学评价对英语教学的意义主要体现在以下三个方面。

1. 鉴定筛选

通过对课程与教学的各个因素或各个方面的优良程度进行鉴定，一方面认定其价值的大小，另一方面衡量其是否达到了应有的标准。所谓选拔功能，是指课程与教学评价能够为选拔优秀和淘汰不合格者提供依据，从而对评价对象进行筛选。

2. 管理研究

评价作为一种价值判断，通过上级对下级、组织对个人或者被评价者的自我评价，可以更好地监督和促进被管理对象认真履行职责，完成规定的任务，达到预期的目标。所谓研究功能，是指课程与教学评价具有教育研究上的价值，有利于开展教育教学研究活动。

3. 促进发展

通过对课程与教学评价的实施，评价能够为学校的教育教学提供有效的诊断和反馈，并以此来强化和改进教育教学活动的开展，进而促进学生、教师以及学校更好地进步和发展。这种功能是当代课程与教学评价理论与实践所特别关注的。

二、大学英语教学评价的现状

（一）评价目标滞后

虽然我国的教育改革早已开始并逐步深入，但考试仍作为选拔人才的主要形式而存在。

首先，在这种背景下，不管是教师还是学生都以考试为中心，考试考什么教师就教什么，教师教什么学生就学什么。对不考的内容就不抓、不教，教学规律和以学生为主体的教学要求往往被忽视。对学生来说，除了课堂上的有限时间，课下几乎没有进行语言实践训练与应用的机会，也就谈不上语言总体水平的提高。甚至有些地区实行统一标准，大搞课堂教学统一模式，教学评价统一测试、统一标准，根本无视学生各方面的差异性。

其次，由于传统观念的影响，很多教师忽视了对学生能力的培养，把英语仅当作知识来传授。这样培养出来的学生英语的书面交际能力也很差，更不用说口头交际能力了。

最后，传统英语教学的一个显著弊端在于重知识、轻能力，这一现象对教学评价也产生了很大的影响。翻阅各种各样的英语试卷可以发现，语言知识方面的测试较多，而语言能力方面的测试则很少，尤其是口语方面的测试更是难得一见。显然，这些以语言知识评价为主的测试并不能如实地反映学生的英语水平，也无法对他们英语综合运用能力的提高起到指导和促进作用。另外一些教师，限于教学设备的落后，或贪图省事，因循守旧，一本书、一支粉笔、一块黑板，长此以往，乐此不疲，教学“一言堂”，包办代替，罚抄单词，强制背诵，没有任何情景的创设，把贴近学生生活的语言变成了极端枯燥乏味的机械重复，并以此作为评价学生学习好坏的标准，阻碍了学生的主动发展和个性培养，扼杀了学生的学习兴趣，导致他们厌学。

（二）评价内容死板

传统的课堂教学评价各项指标过于完备，几乎每项指标都有固定的要求，如“教学目标明确”“教学进程安排合理”“课堂提问精练”“多媒体运用恰当”“板书设计美观”“语言流畅”等。虽然这样的要求能为教师组织课堂教学提供一定的参考标准，但很多情况是使课堂教学变成了迎合评课标准的设计，表面上面面俱到、环环相扣，实际上忽视了教学实际情况以及学生的学习需求。还有的教师为了达到这些评课标准的要求，总是设置很多问题情境。课堂上，师生之间、生生之间有问有答，讨论交流，“热闹非凡”，学生也“兴趣盎然”，但过后一检测，发现学生实际掌握知识和形成能力的情况并不理想。这样的课堂教学实际上是缺乏有效性的，过于追求完成预定的教学目标限制了教师对学生认知能力以外的其他发展的关注，严重束缚了教学中的灵活性和变通性，什么时间讲授，什么时间提问，给学生多少时间回答问题，包括学生会怎样作答，都在教师的心里，整个课堂就是教师的表演，学生只是作为观众被动地接受和配合。教师则是想方设法引导学生得出预定答案，既不会随机应变，更不会在学生思维出现阻碍时进行点拨，整堂课下来，教师和学生都沦为教学流水线上的机器，完成了教学任务，但效果却并不尽如人意。

（三）评价方式单一

考试是我国目前英语教学中使用最多，甚至是唯一的一种评价方式。人们对考试的过分倚重很容易带来以下问题。

1. 考试结果无法真实地反映教学成果

考试通常安排在一个学期的中间或学期末，考查的内容跨度较大、范围过于宽泛，无法全面体现学生日常学习中的进步和成就，因而其评价结果无法反映真实的教学效果。另外，由于考试大多采用笔试的方式进行，且涉及的真实情景少之又少，许多项目与学生所学和实际应用没有联系，这也在很大程度上影响了考试评价的信度及其对教学活动的指导作用。无论考试多么想要接近真实的情景（如让学生写一篇文章，在对话中扮演一个角色等），学生也会因为考试环境、考试规则等因素而无法全面、如实地展现自己，因此，仅仅靠测试很难真实地反映教学成果。

2. 扼杀学生的创造性

考试制度下的教师和学生往往为了考试、为了高分数去教、去学，反反复复地做题和试卷。学生成了考试的机器，教师成了改卷专家。学生考出来的“好成绩”不仅不能反映学生的真实水平，还扼杀了学生的学习积极性和创造性。

3. 不利于学生的身心健康

考试时，由于学生数年所学都要在短短的几个小时内受到检验，而检验结果又直接关系到未来的命运，因而考场的气氛也异常紧张、压抑，这也给很多学生造成了非常大的心理压力和心理伤害，一旦考试成绩不好就丧失自信心，甚至产生更严重的后果，这不能不说是过分依赖考试这种评价方式所必然导致的恶果。

（四）评价能力欠缺

师资是决定教学成败的关键因素。一些英语教师的教育理论落后、专业素质低下和教学能力滞后，不能及时吸纳新思想，无法驾驭新教材。这些都成为阻碍形成性评价落实的重要原因。教师不注意学生智力和能力的培养与开发，课堂只顾自己讲，不顾学生是否掌握，不注意激发学生的非智力因素，这样造成的结果便是，台上教师眉飞色舞，神采飞扬，台下学生睡眼蒙眬，学生越学越没信心，越学越差，越差越厌学。此外，有些教师不善于处理师生关系，只知道用命令、威胁和惩罚去控制课堂，压制学生自由活动，甚至使课堂教学难以进行。在这种灌输式的教学模式中，教师根本不了解学生学习的兴奋点，无法激起他们运用语言的交际欲望，也妨碍了学生的学习主动性和创新思维的发挥。

从英语教师队伍结构上看，有些教师学历虽然达标，但能力不达标，其知识老化，又懒得学习、探索和研究，有些教师甚至进行跨学科教学，这些都不利于教师集体备课钻研教材、探索教法，这样素质的教师评价出的英语课堂和学生效果也就可想而知了。

第二节　高校英语教学评价的基本原则

一、导向性原则

导向性原则体现了教学评价对教学活动的导向作用。教学评价可以使教师通过评价标准明确自己的努力方向，还可以对教师的教学工作进行指向、引导和启发。

例如，教学过程中，教师的关注重点是教学设计、教学方法等，常常忽视很多细节，如教师语言、行为、仪容仪表、教学准备以及自身风格特点等。然而，课堂教学中的任何一个细节都可能影响课堂教学的质量，因此对教师教学行为细节的评价是教学评价中不可缺少的部分。如在课堂上，教师面带微笑的表情，有亲和力的语言，可以使学生有安全感，心情放松，师生关系和谐融洽，有利于吸收新的信息。

二、科学性原则

科学性原则要求使用先进的评价方法和评价工具，以科学的态度制订方案、建立标准去收集、处理和分析有关信息，最终做出判断。例如，对学生英语学习的评价内容不仅包括语言知识、语言技能和实际交际能力，还应当包括学生在学习过程中所表现出来的情感、态度、价值观和发展潜能等。评价的方式有测试性评价和非测试性评价之分。教师应注意将二者有机地结合起来，即使在测试性评价中也应注意考查学生实际运用语言的能力，不应只注重语言知识和语言形式。这就意味着测试中考查学生听、说、读、写技能的项目所占比例要合理，不可偏废。

三、多元化原则

在英语教学中，建立新型的评价体系必须抛弃以前把教师作为唯一的评价者、把学生作为唯一评价对象的做法，而要建立多元化的评价体系，包括评价标准多元、评价形式多元、评价主体多元。其中最为重要的是评价主体的多元化，即教学的管理者、英语教师、学生和家长都担负着评价对方、自我评价与合作评价的任务。例如，一个英语教师不仅需要自己对教材的使用及学生的学习做出评价，还需要接受来自学生、教学的管理者、家长和其他教师的合作评价。只有这样，教师才能利用评价的反馈信息指导自己的教学，改善自己在教学中的不足，提高自我素质，提高教学效果和教学质量。通过多元评价，有利于教师了解学生的学习状况，激励学生的学习热情，发挥每个人的特长，调整教学，为学生提供最大的发展空间。

（一）标准的多元化

英语教学评价标准的科学性在很大程度上对整个评价结果的精确度起着决定性的作用。在传统评价理念的导向下，国家用统一的标准要求不同地区的教育，地区教育行政部门又用统一的标准要求不同的学校，而学校在这种情况下也必然用统一的标准来要求不同的学生，最后导致学生的个性差异被抹杀。但目前社会对学生的个性发展要求很强烈，因此课程评价标准必然要趋向多元化。而为了能够实现这一要求，可以采取多种措施，如宏观上，应该根据各地经济、教育发展水平制定不同的评价标准；各个地方学校应该根据自己的办学条件、培养目标等来制定和实施具体的评价标准；微观上，可以根据每个学生的具体情况，确立不同的评价标准。这些措施都有利于评价标准多元化的实施。

（二）形式的多元化

通过前面的介绍我们知道，英语教学评价的方式有很多种，而单一的评价方式往往无法真实地反映教学状况，因此，教师在实施教学评价时应采用多元化的评价方式，做到形成性评价与终结性评价相结合，既关注结果，又关注过程，以形成性评价为主；定性评价与定量评价相结合，以定性评价为主；综合性评价和单项评价相结合，以综合性评价为主；他评与自评相结合，以自评为主。教学评价的多元化摒弃了传统单一的纸笔测验和考试的评价方式，将丰富多样的观察记录、面谈采访、问卷调查、对话日志、模拟表演、项目活动和学习档案等评价形式引入评价活动中来，这些对于英语教学的有效开展起着很大的促进作用。

另外，教师在选择评价方法、设计评价活动时还应根据学生的年龄特征、性格特点、智力水平、学习风格等因素选择合适的评价方式，不适当的评价方法很容易打击学生学习的积极性，损害学生的自尊心。例如，对于英语基础相对较差的学生，通常情况下，他们自我内省智能水平都较低，其书面表达能力也较弱，这时教师可以采用的方法有日常观察记录加采访面谈或者成长记录袋等。而对于基础好的学生，他们的自我内省智能和书面表达能力一般都较强，这时教师可以采用的方法是日常观察记录和问卷调查或对话日志。

（三）主体的多元化

关于教学评价，很多人存在一个错误观点，认为评价就是教师的事，由教师来实施。然而，在以学生为中心开展教学的今天，学生的主体地位不仅表现在学习中，还表现在教学评价中。让学生参与到教学评价中有助于增强学生的主体意识，使他们更深刻地意识到学习是自己的事情，要对自己负责，继而积极主动地参与学习，看到自己的进步，弥补自己的不足。

除学生以外，专职的评价机构、教育决策机构、学校管理人员、学生家长以及学校内外的其他有关人员也应参与到教学评价中来，从而使教学评价从单一的教师评价模式转变为教师评价、学生自评、学生互评、家长评价相结合的多元化评价模式。

评价过程中，评价主体间的沟通协商以及评价者和被评价者之间的互动合作是十分值得注意的问题。这个问题处理得当，就可以使教学活动中的每个主体都参与其中，并使每位参与者的角色、地位发生一定的变化，从而更好地促进评价的实施。例如，学生由被动受试变成评价的主动参与者，教师由评价的权威变成评价的组织者和参与者，家长由评价的旁观者变成评价的促进者。

四、全面性原则

英语教学具有完整性，这种特性一般来说体现在教、学和教学评价三者的结合上。我们知道在教学中如果教师的教学一成不变、无视学生需求等，那么学生在学习过程中就不能接收到新的知识、理念和挑战，这样就会导致他们学习兴趣的降低，影响学习效果。而教学评价可以给教师和学生提供有关教与学及其效果方面系统的一手资料，这些资料无论对教师还是学生而言都是非常有利的，如利于教师反思自己的教学，利于培养学生的自省意识、与他人积极交流以及解决问题的能力等。所以，课堂教学评价应该是教师和学生教与学的重要组成部分，这样利于对课堂教学效果起到保障作用。

有效评价的另一种形式是多方面、多角度地评价学生的学习。当教师评价学生、学生间互评或学生自评时，无论评价结果是优、良还是中，评价的效果都极为显著。学生愿意听到老师和同学指出他们的优点和进步，因而产生满足感和成就感。而对于能力较差的学生，同学和老师如果都能对其有信心，并帮助他们分析和解决遇到的问题，他们就会更加有动力、有信心地继续学习。可以说，师生、生生之间的交流过程就是相互认识、重新认识自我和他人的过程。通过评价，学生学会了咨询、发现和解决问题、正确评价自己以及对自己的学习负责，最终实现学习的自主与自理。可见，评价能够为学生自己以后独立学习奠定良好的基础。而在评价过程中，教师可以对学生进行一定的指导，鼓励学生反思过去，审视现在和展望未来。把学生自己的学习和进步，学习过程和结果间的关系明显呈现在大家面前，让学生对其有一个正确的了解与认识。课堂上，教师要努力营造和谐宽松的气氛，让学生感觉到他们本身的重要性，教师一定要清楚课堂活动的目的是帮助学生展现所学的知识和发展自己的能力，而不单纯是为了完成教学任务。

五、效率性原则

做任何事情都要讲求效率，教学评价也不例外。影响教学评价顺利有效进行的因素主要有教学活动的设置、学生的配合、评价的方式等。

（一）课堂教学活动本身是为了完成一定的课堂教学目标而进行的

每一个教学环节及其相应的教学活动都应围绕课堂教学目标而存在。因此，教学活动和教学环节的设置是否恰当影响着教学目标能否顺利实现，也影响着教学评价能否顺利进行。

（二）教学评价要以学生自评为主

通过这种方式可以培养学生学习的自我监控能力，推动他们成为自主学习者；学生自评应侧重其学习目标的完成情况，并从完成的情况中发现自身存在的问题。

（三）对教学评价所采用的方法应进行监控

监控可以对存在的问题进行及时的发现与处理，比如调整方法的选择和具体操作等，从而保证教学评价的有效开展，把教学评价的作用充分发挥出来。

（四）评价的整个过程都需要让学生理解

比如让学生理解所采用评价方法的作用和操作方式。另外，“反馈链”也需要引起教师的注意，尤其是链条中每个环节结束时，所采用的处理方式一定要在每个环节结束后使学生清楚课堂教学评价的作用和价值，而且最后要让他们看到教学评价给他们的学习带来的切实的效益。只有让学生看到评价的实际效用，他们才会积极主动地配合。

六、差异性原则

当下英语教学中，英语教师正面临着新的评价理念和方式所带来的挑战和变化。教师应该充分意识到被评价者的个体差异。只有找到了这种差异，教师才会选择不同的适合个体发展的教学方法，最终有效地达到教学目的。好的评价方法可以是一种有趣的学习体验。当学生主动地进入那些吸引他们的任务、习题、专题、作品背景下的评价时，评价则进入了最理想的状态和环境中。但是要设计出这样好的评价并不是一件容易的事。

对于学习能力较差的学生，若其对自己某次测验的成绩不满意，教师可先不记录此次成绩，并允许学生经过一番更充分的准备之后再次参加考试，取得一个好成绩。

不同年龄的学生在生理和心理上有着不同的特点，教学评价应根据不同年龄学生的特点选用适当的评价方式。低年级应以形成性评价为主，以学生平时参加各种活动的表现以及合作能力为主要评价依据，并在此基础上进行终结性评价。高年级应把形成性评价和终结性评价结合起来，终结性评价要更加注重对学生用英语获取信息、处理信息、分析问题、解决问题以及英语思维和表达能力的评价，如考试应注意口试、笔试相结合。

七、真实性原则

英语教学的一个重要原则就是坚持真实性原则，相应地，教学评价也要以真实性作为重要评价标准。真实性原则要求对学生学习结果进行评价时，应强调真实的生活情景。真实性评价离不开真实的任务。真实的任务是指在相关领域中可能会遇到的真实的活动、表现或挑战。

八、情感性原则

在进行英语教学评价时，应该遵循情感性原则。这主要有以下原因：英语作为交际的工具，是表达感情的工具，教师的教与学生的学都是带着情感的，情感与教学有着密切的联系，情感差异导致了教与学的差异。评价英语教学时，过分关注一次考试的结果，以分数作为评价学生英语学习成果、英语运用能力的依据，只能看到他是否掌握了必要的英语基础知识，不能评价他是否会用英语来表达自己的丰富感情。但是英语教学脱离不了情感，因此，我们需要在评价中强调情感教学，要注意情感对教学的影响，要注意人的心理体验，在评价学生时，教师要带着积极的情感关注学生的进步、善待学生，让学生从评价中获益。

第三节　高校英语教学评价的创新方法

一、档案评价法

建立学生档案是目前最受教育研究者青睐的一种教学评价方式，也是形成性评价的一种重要方式。学生档案犹如学生的信用一样，对学生在学校期间的表现甚至对学生毕业以后的发展都有着重要的影响。

（一）学生档案的形式

所谓档案就是组织或个人在以往的社会实践中直接形成的清晰的、确定的、具有完整记录作用的固化信息。学生的档案主要是指涉及学生学习情况的档案，它是根据教育教学目标，有意识地将各种有关学生表现的作品及其他证据收集起来，并进行合理的分析与解释，反映学生在学习过程中的优势和不足，并通过学生的反思与改进，促使学生取得更高的学习成就。作为对学生进行评价的一个重要工具，档案评价可以将课程与教学同评价结合起来，贯穿到日常的教学活动中去。学生的学习档案袋一般有两种形式。

1. 课堂记录卡

课堂记录卡可将在课堂中发生的事情如实记录下来，客观地描述学生在课堂上的表现。课堂记录卡一般由学生自己填写，并标明具体时间，然后收集在学生档案袋里。可见，课堂记录卡收录的主要是学生在课堂学习中的一些情况，它可以帮助学生及时了解自身的学习过程和学习方式。

2. 个人作品档案袋

作为学生档案的另一种表现形式，个人作品档案袋可以收录学生在学习过程中通过各种形式的实践活动所获得的收获和成果，以便于师生及时了解。作品档案袋的内容灵活多样，可以是学生撰写的优秀小论文、获奖证书，也可以是他人对自己的评价以及自我评价结果等。

（二）学生档案的收集

学习档案材料的收集方式有很多。教师首先应该在新学年一开始就制订一个总的计划，如使用学生学习档案的最终目的是什么，要收集哪些材料以及由谁来收集。一旦清楚了这些问题，收集资料的活动就会变得容易很多。由于收集资料需要一个漫长的过程，只要坚持记录有关学生学习过程就可以了，因此教师要培养学生的学习习惯，收集他们所有有关学习情况的东西，并收录在一个固定的地方，也就是学生学习档案。

制作学生学习档案时，收集资料并不太难，难的是选择收集哪些资料。因此，学生应该先学会如何整理挑选出合适的资料放进学生学习档案中。通常教师会以学生的口头讨论开始。学生参照教师提供的优秀作业的标准和样本进行讨论，并口头反思彼此的作业。学生进行口头讨论时，教师要将学生谈到的问题进行归纳总结。当学生掌握了口头讨论的基本模式，并且会用现成的标准去评定他们自己的作业后，再转向笔头反思。笔头反思有助于学生从评价中学习，了解自身的优点和不足。同时，教师也能知道学生对自己作业的看法，当发现一些不恰当的看法时，教师应当进行及时的提示与引导。当学生有能力判断他们的作品并且收集了一定数量的作品后，他们就可以将挑选出来的作品收集到学生学习档案里。如果要学生建立一个写作档案，就需要选择如下项目。

（1）一篇重要的文章，并说明选这篇作品的原因以及完成的过程和感受。

（2）一篇满意的文章和一篇不满意的，并说明对两篇文章的思考。如果学生愿意还可以再加上对不满意作品的改进意见。

（3）一篇文章的写作过程。

（4）随便选一篇文章以及选它的理由。

（三）学习档案的制作

学生的学习档案可以帮助学生清楚地看到自己在学习方面的进步与不足，从而增强学生的自主学习意识，在学习过程中不断总结经验教训，以不断完善自身的学习方法，提高学习效率。下面我们就介绍几种学习档案的制作方法。

1. 读书笔记的制作方法

读书笔记是学生对所读书籍、文章的随时记录，坚持记录读书笔记有助于学生养成认真思考的习惯。教学过程中，教师可以鼓励学生就所读内容发表看法。这不仅有助于学生了解文章、书籍的内容，培养良好的读书习惯，同时也有助于学生锻炼写作能力。

2. 阅读/写作档案的制作方法

每份档案都应包括要求的项目、任意选择的项目以及评论。

3. 学生学习档案总结表的制作方法

学生学习档案总结表上通常包括：学生姓名；老师姓名；日期；学校名称；要求的项目，如阅读范例、阅读策略/写作范例、学生自评等；任选项目，如所读书单、内容摘要和评论、阅读成绩等。

（四）对学习档案的评价

完成学生学习档案的制作以后，就要检查学生所选项目是否符合档案要求，并对其进行评价。教师可以利用学习档案评价表评价学生的成长学习记录，检查学生所选项目是否符合学生成长记录档案的要求，并对其做出评价。此外，在评价学生学习档案时应注意以下几个方面：档案是否整洁易读；档案中是否有具体范例；档案中材料的组织是否合理；档案中的材料是否清楚明了；档案是否能够体现不同课程之间的联系；档案的具体内容是否能够清晰、全面地反映学生某一个阶段的学习成果。

二、自我评价法

自我评价主要指的是学生的自我评价，这种方法鼓励学生为自己的学习负责，鼓励他们勇于对自己在学习过程中的问题进行思考，使他们能够直观地看到自己取得的成绩以及需要提高的地方。教师通过与学生讨论他们的自评实施的过程与结果，可以使他们对自己学习成果的态度有一个了解，也能使学生对自我的学习情况有清楚的认识。下面介绍几种学生自我评价的形式。

（一）学生自评表

自评表的运用对提高教学评价的效率起着促进性的作用，而且操作起来也比较方便且省时，只需在课堂教学活动结束之时发给学生即可。

（二）学生自我学习监控表

学生自我学习监控表主要用于监控学生的学习行为，而且在英语教学的任何一个单元的学习过程中，都可以使用该方法。

（三）自我提问单

自我提问单可以使学生养成自主学习的好习惯，同时还可以监控学生对各种学习策略的使用。

三、同伴评价法

在同伴评价中，沟通技能和合作技能对评价的结果影响很大。但在采用这一评价方式时需要教师采取一定的策略来落实，因为同学之间彼此信任和真诚的互相评价一般来说都需要通过长时间的培养。但是同伴评价也并不一定要操作得复杂，可以通过简单的活动来实施。

例如，设计活动，让学生分组来完成一项任务，鼓励组中每个成员都积极参与其中，奉献自己的聪明才智，共同完成任务。而在活动结束后，作为组中的每个成员，都要对自己和他人的贡献做出评价。当然，这种评价并不是盲目进行的，要遵循一定的规则，如大家根据事实谈自己的观点或发表评论，而非完全根据个人主观偏见或好恶来评论。

四、研讨式评价

研讨式评价将学生参与课堂活动的表现纳入其表现评价的内容之中，根本目的在于让学生学会更有效地思考，并为自己的见解提出证据。它体现了课程、教学与评价的整合。

研讨式评价的实施方式很多，它既可以成为学生学业的展示，也可以成为课堂评价的一部分，还可以成为结业作业的展示，然而无论采用哪种方式，教师都必须明确设计一套巧妙的问题和合理的评价准则。

由于研讨式评价对教师所提问题以及教师本身有着较高的要求，因此这种评价方法尚处于引进摸索阶段，目前主要适用于对学生学业成绩的评价。

五、其他常见的评价法

上面我们介绍的这些方法主要是针对学生的表现进行评价的，下面我们再介绍其他一些大学英语教学评价中常用的方法，这些方法有的可以用来评价学生，有的既可以用来评价学生，也可以用来评价教师。

（一）调查法

调查法既可以用于评价学生多个学业，也可以用于评价教师的授课质量。其方式主要包括问卷和访谈。调查法适用于了解特定教师在一段时间内的教学情况，多用于专门鉴定教师的综合教学水平的管理性评价。

（二）综合量表评价法

量表是一种比较有效的评价工具。量表的使用使评价更加公平、可靠，可以节约时间，诊断学生的优势与不足。综合量表评价法可以用来评价教师的教学活动，它十分注重教学活动的具体分解、对信息化处理和将标准进行统一，因而是一种比较精细的数量化的评价方法。此外，它具有标准具体化、结果准确率高、评价人员主观干扰较少的特点。

（三）分析法

分析法是通过对教学工作进行定性分析来评定教师授课质量的，一般没有专门的评价标准，而是依靠测评人员的学识和经验进行评价。分析法可以分为他评和自评两种方式，其评价结果以定性描述为主。

分析法的优点在于简便易行，能够突出主题或主要特征：缺点在于容易受到主观因素的影响，规范性差。因而，分析法适合以改进教学工作为直接目的的日常教师授课评价，而不宜用于规范的管理型的教师授课质量评价。

（四）座谈法

座谈包括与学生的个别交谈和组织学生开展的学生会议。例如，在项目学习过程中，教师可以定期召开学生会议，通过小组汇报项目开展情况、小组讨论来完善自己的项目操作。与一般的座谈不同的是，这种学生会议的目的不是了解学生的学习压力和困难，而是通过开展学生会议监控项目学习、评价项目学习，从而通过项目学习促进学生的发展。

（五）电子化评价法

基于计算机开展的电子化评价法是随着计算机和互联网技术发展起来的一种新型评价方法。由于计算机具有运算速度快、自动化程度高、信息吞吐量大的优点，将教学评价和计算机网络相结合具有很大的优势：能够大大简化评价的操作，提高评价的效率和效度；使过程评价的理念得以贯彻落实，解决过程评价中出现的一系列问题等。

计算机网络的普及对电子化教学评价的发展和完善起到了极大的促进作用。目前，在部分经济发达地区，计算机网络已经成为课堂教学的重要工具，这也为开展电子化评价提供了基础。

第七章　高校英语教师专业素质的改革

第一节　高校英语教师的基本角色

一、语言知识的引导者

英语教师是英语语言知识的重要诠释者，所以必须有扎实的英语语言知识储备。换句话说，英语教师要对英语专业知识有一个系统的掌握，能够系统地分析出各种英语语言现象。从教师教育的研究中可以发现，英语教师需要掌握的专业知识主要包括理论知识、形式知识、语境知识、实践知识等。这些知识不但包含语言形式结构的知识，而且包含语音知识、词汇知识、语法知识、语篇知识、社会文化知识等具体的语言使用的知识。英语教师只有掌握了这些知识，才能对语言材料、语言现象有清楚的剖析和阐述，也才能解答学生在学习中所遇到的问题，从而使学生可以正确地理解并实现语言输出。

另外，语言知识的积累是掌握和使用语言技能的基础。不同的语言形式可以实现不同的语言功能。不管教师运用哪种教学策略，其所教授的教学内容都是英语语言系统知识及对这些知识的分析和输出。可见，教师是学生学习英语语言知识的重要引导者和协助者。

二、语言技能的培训者

英语教师还应该是英语语言技能的培训者。学生在学习英语语言的过程中，必须先掌握一定的语言知识，逐渐过渡到掌握一定的语言技能，从而提高和发展自己的语言运用能力。

通常，语言技能包含听、说、读、写、译五项。从英语语言发展的规律看，听说位于第一，而读写译居其次。但是，从外语教育角度说，读写译是居于第一，听说则居于第二。也就是说，英语教育的目标是让学生具备一定的读写译能力，而听说能力是提升学生读写译能力的前提和基础。因此，在大学英语教学中，教师也要培养学生的语言技能。

另外，教师还担任着英语语言训练合作者的身份。也就是说，英语教学中并不是教师将任务布置给学生就可以了，还要适时引导学生，参与到学生的活动中，让学生在教师的帮助下更得心应手，既学到了知识，完成了任务，也提升了教师的教学效果。

三、课堂活动的组织者

对于任何教学活动来说，课堂活动都是必不可少的，这在大学英语课堂中也不例外。英语课堂活动是课堂教学的载体，设计合理的英语教学活动有助于提升教学的质量。如前所述，英语是一门特殊的学科，有着特殊和明显的特征，因此在课堂上教师需要对英语技能进行培养和训练。而英语课堂活动恰好是训练技能的一种有效方式。

但是，就普通大学英语课堂来说，教师可用的教具只能是粉笔、黑板、幻灯片、投影仪、录音机等设备，这些设备携带并不方便。借助于这些教具，学生可以了解很多基础性的知识，对基本原理有了更直观的了解和接触，但学生并没有太多的机会参与到课堂中，仍旧扮演着被动者的角色。同时，英语训练需要语言环境的参与，但是在普通的大学英语课堂中只能提供有限的教学环境，如辩论、对话、话剧表演等，学生缺乏真实的语言训练的机会，如远程对话交流、电影配音等。虽然教师发挥了活动组织者的身份，并且活动也大都比较直观，但是这是远远不够的，很难加深学生对英语语言知识和技能的印象，也很难巩固自己的语言知识体系。

四、教学方法的探求者

在英语教学中，教师不仅仅是固有教学方法的使用者，也承担着新型教学方法的探求者和开发者的角色。语言教学具有很强的实践性，因此其与教学方法关系密切。英语语言知识的分析、语言技能的掌握、课堂活动的组织等都离不开科学的教学方法。

英语语言教学的方法有很多种，如语法—翻译法、听说法、交际法、情境法、任务法、自主学习法等。这些方法都存在某些优点，也存在着某些缺点。因此，任何一种教学方法都不是万能的，英语教师需要将各种教学方法综合起来组织和实施教学，以便获得更好的教学效果。就当前的大学英语教学来说，已经从传统的以教师为中心转向了以学生为中心，强调学生的主体地位，这也有助于实现教师和学生的双向互动。

五、文化差异的解释者

英语教师还充当着中西方语言文化差异的解释者的角色。文化背景与文化传统不同，其价值观念和思维方式也存在明显差异。文化差异逐渐成了中西方跨文化交际的障碍。

从社会文化角度来说，语言是一种应用系统，具备独特的规范和规则，是文化要素中不可或缺的一部分。在英语教学与学习中，除了要教授英语语言知识和技能外，还需要教授文化背景知识，三者是相互促进、相互弥补的关系。

在语言文化知识的内容上，除了要讲解本土文化知识，还需要讲解英语民族的文化知识。中西方语言文化的差异性主要体现在社会制度、风俗习惯、思维方式以及道德价值上，其在语言的词汇、篇章、结构、言语行为中都能够体现出来。作为中西方语言文化差异的解释者，英语教师要熟知和了解中西方的语言文化及差异性，因此他们需要大量阅读中英文资料、观看中英文电影，积累足够的能够表现中西文化差异的一手素材非常必要。

另外需要指出的是，在充当中西方语言文化差异的解释者的过程中，教师需要保持一种中立的态度，文化没有好与坏，在选取素材上也尽量选取那些不会伤害任何文化的素材，这样有助于更好地引导学生对中西方语言文化有一个清晰的认知。

六、语言环境的创设者

根据二语习得理论，语言环境对于语言学习有着至关重要的作用，尤其是在缺乏真实语言环境的教学中更是如此。通过创设真实的语言环境，教师可以将新旧知识联系起来，了解中西方的文化传统习俗，接受原汁原味的中西方文化的感染和熏陶。这比学生单独学习词汇、单独学习句子等成效显著得多。

英语语言环境的创设不仅在课堂教学中展开，在课外也应积极创设。在课堂上，教师可以利用网络多媒体技术呈现与文化背景有关的资料和信息，让学生了解与西方社会文化资源接近的各类文化资源和语言环境；在课外，教师可充分利用网络教学平台、英语学习语料库开列书目、布置任务，引导学生大量阅读英语报刊、书籍，使学生能始终置身于英语学习的环境中，不断提高其英语水平。

七、教学测试的评价者

教学评价是大学英语教学的一个重要环节。对大学英语教学进行科学、全面、客观、准确的评估对于教学目标的实现是非常重要的。教学评价既是教师获取教学反馈、改进教学管理、保证教学质量的一个重要依据，也是学生改进学习方法、调整学习策略的一个有效手段。在还未利用网络技术、网络资源之前，教学质量的评价往往只是通过作业本、试卷完成。教师通过批阅学生的作业就可以了解学生对知识点的掌握情况，这对普通的大学英语教学是必不可少的。但是需要注意的是，任何事情都具有两面性，抛开批改作业的质量来说，就是当批改完成后教师也没有多余的精力去总结学生的完成情况，或者去分析其中存在的问题。

八、语言教学的研究者

英语教师除了担任语言教学任务外，还承担着研究的任务。他们在掌握语言教学理论与性质规律的基础上，逐渐构建自己的教学理念，并运用这一理念去指导实践活动，达到良好的教学效果。因此，英语教师在英语语言教学实践中，必须进行英语语言教学的理论研究，将教学研究与课堂教学实践相结合，从而实现理论到实践的转变，再到理论的升华。

第二节　高校英语教师专业素质结构

一、教师在传统英语教学中存在的问题

虽然英语教师的教育专业发展在当前备受关注，但是英语教师的素质状况却存在着诸多问题，对这些现存的问题进行剖析对明确其未来的发展有着关键性的作用，下面就结合当前大学英语教学的教师现状进行探讨。

（一）教师的职业满意度较低

随着我国院校招生规模和学校规模的不断扩大，出现了公共教学资源和师资力量不足的情况，这无形中给高校的英语教师增加了工作量，甚至导致很多英语教师由于课程负担重，没有额外的时间和精力继续进修和自我充电，这造成了以下两方面的不良后果。

（1）教师在教学方法和手段上得不到适时更新，习惯于传统的教学模式而不愿做出改变，导致教学内容枯燥、教学方法老套，课堂氛围沉闷无成效。

（2）教师汲取新知识的速度跟不上时代发展的步伐，进而导致一直“吃老本”，这对大学英语教学质量的提升非常不利，教师在其所从事的职业中也很难有较高的满意度。

（二）教师的科研意识较薄弱

英语教师不仅是教育研究者的角色，同时还应具备科研创新的素质，并且积极地参加

教育教学类的科研活动还是高校英语教师专业发展的重要目标和根本要求。通过科研不仅能很好地提升教师的科学素养，而且有利于教师对其教学进行审视并实现自我提升。然而，很长时间以来，我国的英语教师所普遍关注的是学生平时的考试成绩和四、六级通过率，并将此作为评判其教学效果和成绩的重要依据。可见，在高校的英语教学中，应试教育的意识起着决定和主导作用。相应地，英语教师将过多的精力放在应试教育上，分配到科研活动方面的精力就相对较少，甚至一些教师还认为教科研与一线的英语教学实践并无太大的关系，并且很多从事多年教学实践的英语教师依然凭借自身所积累的经验来从事英语教学，忽视了将自身的教育教学实践中的抽象经验归纳为相关科学理论的能力。这种缺乏明确教科研导向的做法使高校的英语教师很难抓住教育教学活动的主线、要领等，进而导致教育教学活动缺乏明确的计划性。

（三）教师的教学方法亟须创新

现代英语教学不仅强调学生语言能力的培养，更为关注培养学生的创新能力和应用能力。这就要求英语教师能够创新教学理念，并在教学过程中深入贯彻和实施“以学生为主体、以引导为主线、兼顾知识传授和能力培养”这一教学观。然而，在目前的大学英语教学过程中，教师采取的还是一本书、一支粉笔、“一言堂”的教学方法，这种方式不仅落后、单一、实用性不强，而且很容易使学生处于被动学习、被动接受知识的状态。同时，这种机械、单一的被动学习方式还会扼杀学生的积极性，使学生极易产生厌学情绪，因而教师的教学效果和学生独立思考的能力以及语言应用能力的提高更无从谈起。为此，对教学手段进行改革和创新就势在必行。教师在英语教学中必须结合学生的个性化需求并迎合现代教育教学技术的发展趋势，在教学的方式和手段方面尝试使用图表、动作以及多媒体教学软件等辅助教材，这样不仅能调动学生英语学习的积极性，还能活跃课堂气氛，优化教学效果并提高教学效率。

二、新时期大学英语教师的素质

教师素质的高低在很大程度上决定了教学质量的高低。在当前环境下，国家、社会、家长对英语教学的要求不断提高，新的教学手段、教学理论不断出现，英语教学对教师素质的要求也不断提高。下面就对当前大学英语教师的素质进行简单分析。

（一）语言素质

语言素质是指教师应该具备的英语语言综合水平。较高的语言素质是一名英语教师的基础，英语教师的语言素质主要包括扎实的语言专业知识和较高的语言技能。在英语教学中，教师不仅要具备系统的英语语音、语法知识，还要具备较大的词汇量，同时要具有良好的听、说、读、写能力。教师要具备良好的口语基础，能够流利、地道地教授英语。在中国，学生学习英语缺乏足够的语言环境，学生接触英语的机会大多是在课堂上，教师的英语口语水平就显得尤为重要。良好的英语口语可以保证教师为学生提供高质量的语言输入。教师优秀的英语口语水平可以为学生的英语学习树立榜样，可以很好地激励学生。

在英语教学中，教师想要教授给学生足够的知识，首先自己必须具备足够的知识。教师的语言素质是开展英语教学活动的基本保障，只有教师的语言素质过硬，才能更加有效、全面地掌握教材，解决学生在课堂内外提出的常见问题。

（二）理论素质

英语是一门语言，因而在教学中英语教师提高其专业素质，具备较强的理论素质十分必要。具体而言，教师应掌握语言学、教育学、心理学以及外语教学等理论知识。

1. 现代语言学理论知识

教师首先要掌握系统的现代语言学理论知识，只有具备这些知识，才有可能成为一名优秀的英语教师，取得较好的英语语言教学效果。英语教师不仅要了解语言和语言的本质特征、交流能力的本质、语言理论的发展趋势，而且要自觉地利用语言学方面的知识来指导英语教学。尽管不要求英语教师都成为语音、语法、词汇、语义和语用方面的专家，但应该熟悉这些领域的最新研究成果，并在英语教学实践过程中适当运用，以提高英语语言教学效果。

2. 教育学和心理学理论知识

如果教师只有语言学知识，没有教育教学理论指导，并且缺乏心理学的知识，那么在英语教学中就容易忽视学生。因此，教育学和心理学的知识对于外语教师也十分重要。语言教学包括在普通教育的范围之内，研究和掌握教学的一般规律和基本教学原则，熟悉教学组织的步骤，有助于教师提高外语教学组织能力和教学实施能力。英语语言教学的对象是学生，教学的过程是师生交流的过程，并且学生有着自己的心理特点，因此教师了解相关的心理学知识，有助于教学过程的顺利进行。

3. 外语教学理论知识

教师还要掌握外语教学理论知识，这主要包括外语习得理论知识、外语教学法知识等，尤其是英语语言教学法。现代英语语言教学法有很多，但无论是什么样的教学方法，都有各自适用的教学环境、教学目标和教学内容。英语教师应了解各种教学法的来龙去脉和优劣之处，在英语教学过程中，不仅要注意整体教学方法的多样化，还应根据每个学生的不同个性，随时调整教学方法，切忌一种教学方法用到底。这是一个比较苛刻的要求，如果教师能够做到这一点，那么英语语言教学就能取得更好的效果。

（三）师德素质

师德是教师最重要的素养，也是教师从事教育教学活动的动力源泉。师德决定着教师对学生的热爱、对事业的忠诚、对教学执着的追求和人格的高尚。因此，英语教师必须具有坚定的理想信念，科学的世界观、人生观、价值观，忠于人民的教育事业，爱岗敬业的奉献精神，热爱学生。教师只有自身真正懂得奉献、体现公正、具有责任感，才能言传身教。

（四）文化素质

语言与文化具有密切的关系。语言是文化的载体，同时也是文化的一个重要组成部分。学生在学习英语时不仅仅是学习语言知识，同时也在学习英语国家的文化。因此，在英语教学中，教师作为英语教学的主导者，除了必须掌握英语语音知识、词汇知识、语法知识，具备很好的听、说、读、写能力外，还要具有较好的文化素质，尤其是在英语教学中，文化素质对英语教师而言更加重要。因此，英语教师应该掌握关于英语国家的文化背景知识。

（五）心理素质

心理素质指的是一个人的性格、情感和意志的总体反映。在英语教学中，一名合格的英语教师应该具备良好的心理素质，这样的教师也往往受到学生的欢迎和喜爱。由于社会的发展、科技的进步，英语教师不仅要面对繁重的课业压力，同时对学生的生理和心理健康也要予以重视和关注，因此需要英语教师提高自身的心理承受能力，培养自己良好的心理素质。总体而言，英语教师需要从性格、情感、意志三个方面来培养自身良好的心理素质。

1. 性格方面

教师的性格在一定程度上会对课堂氛围、班级气氛和学生的热情产生影响。一个性格外向、充满教学激情的教师，课堂也会充满向上的张力，学生在这样的氛围下学习热情就会十分高涨，学习效果自然事半功倍。相反，如果教师性格内向、保守，在教学和学生教育上就会停滞不前，课堂气氛也会相对沉闷，从而影响学生的学习兴趣。作为一名英语教师，其性格应该比较外向，活泼热情、风趣幽默，能够很好地调动课堂气氛。同时英语教师还要具备沉着冷静、有序组织教学的能力。这样的教师会把英文教学课堂变得生动活泼、井然有序。

2. 情感方面

教师是一种神圣的职业，因此需要教师热爱教育事业，愿意为学生付出自己的心血，英语教师同样如此。英语教师肩负着学生正确成长的重要职责，因此需要教师具有强烈的责任感和责任心。英语是一种优美、丰富的语言，同时英语还是中西方文化交流的重要桥梁。因此英语教师有责任将英语知识和英语国家文化向学生传输。在情感上，教师要真诚地对待每一个学生，对学生的进步要予以鼓励和支持，对学生学习上的问题要给予指导和分析。英语教师要热爱自己的学生，对学生一视同仁，不能单纯以成绩的高低而判断学生的好坏。在平时的生活中，教师要悉心关注学生的个性特点，对学生充满爱心，和学生建立一种和谐友爱的师生关系。

3. 意志方面

由于英语教学过程中会遇到不同的困难，学生的英语学习也会出现不同程度的阻碍，因此英语教师在意志上需要具有克服困难的勇气和决心。英语学习是一项需要长期坚持和努力的过程，因此教师需要具有持之以恒的精神和意志。同时，面对教学中出现的问题，教师还需要具有不断发现问题和解决问题的能力，这也是对教师意志的一种要求。教师在平时的生活中会遇到不同的困扰和烦恼，但是教师应该注意不要将这种情绪带到课堂中来。

（六）人格素质

人格素质是教师素质的综合体现。在英语教学中，一名优秀的英语教师应该具备较高的思想观念、明确的动机态度以及正确的价值取向，这也是对现代英语教师人格塑造的要求。

1. 思想观念

观念是学习活动的先导，是学习文化、自身经验和他人影响的产物。在教学改革中，英语教师的思想观念要做相应的转换，除了具备高尚的品德及优秀的专业知识之外，还要应用高效率的教学手段对自身角色进行重新审视和定位，以便在英语教学中更好地发挥自己的职能。

2. 动机态度

爱岗敬业、无私奉献是对教师职责的赞美。从事教育工作，要求教师既要有职业素质，也要有道德素养。道德素养是一种态度，也是从事教学工作的动力。英语教师的态度包括对工作的态度、对学习者的态度以及对生活的态度。

3. 价值取向

教师自身的价值取向是学校建设高素质队伍的必然要求。价值取向是一个哲学的概念，是主体从自己的价值观出发，正视矛盾并解决矛盾、冲突或者关系时坚持的基本立场和态度。价值取向涵盖的面很广泛，针对教师而言，一个教师的价值取向主要表现在人格素养上，包括个人的认知、丰富的语言知识、良好的心理素质、和谐的人际关系、端正的仪表以及积极的工作态度。在英语教学中，英语教师不仅应该以宽容、谦逊的态度引导学生，还应该以高尚的道德品行感染学生。

（七）科研素质

过去，英语语言教学只要求教师具备一定的语言水平和教学水平。但是随着时代的发展，教育对教师提出了新的要求，教师除了语言水平和教学水平，还要具备较强的教育科研意识和科研能力。

（八）教学实践素质

教师的教学实践素质，就是指教师的实际教学能力。英语教学中，教师的教学能力体现在四个方面：教学组织能力、传授和培养英语知识技能的能力、较高的文化素养和综合教学技能。

1. 教学组织能力

外语教学的组织能力主要指教师动员和组织学生集体进行学习的能力。这一能力主要表现在教师有效地掌握课堂，有效地动员学生积极参加学习等方面。

2. 传授和培养英语知识技能的能力

教师传授和培养英语知识技能的能力包括以下五个要点。

（1）善于讲解

讲解是所有英语教师所必须具备的最主要、最基本的工作能力。一名合格的英语教师要善于将复杂的教学内容变得通俗易懂，能够深入浅出地进行讲解。为此，教师不仅要充分了解学生的心理、生理特点以及学生的英语水平，还要认真细致地做好备课，并且要根据不同的内容选择适当的讲授方法，在讲解的过程中应做到重点突出，同时根据不同的内容选择恰当的讲解方法。

（2）善于提问

向学生提问是英语教学的重要手段，英语教师要善于使用这一手段。例如，在讲授新知识之前通过提问来复习旧知识；用提问检查与复习讲授的内容。使用提问手段时，英语教师要注意两点：调动全班学生的积极性；提出的问题要符合学生的实际水平。

（3）善于示范

英语教学既要传授知识，又要培养技能。学生语言技能的训练包括发音、书写、朗读、说话，这些都需要教师进行示范，然后学生对教师的示范进行模仿。教师要将示范和讲解相结合，用示范配合讲解，或者用讲解来突出示范中的重点，做到示范正确标准。由于示范是为了让学生进行模仿，因此示范还应注意与学生的实践有机结合起来。

（4）善于纠正学生言语中的错误

学生学习英语是一个逐步进步的学习过程，在这个过程中难免会出现错误。有些错误是学生自己可以改正的，教师对此类错误不必纠正；而对于有些必须纠正的错误，教师也应该有策略、有技巧地进行纠正。

（5）善于引导学生进行练习

语言技能的培养需要大量的语言实践，如语音练习、语法练习、口语表达练习、听力培养练习、阅读练习、写作练习等。因此，英语教师应熟悉各种练习形式的作用，并在英语课堂教学中引导学生进行各种练习活动，有效培养学生的语言技能。

3. 较高的文化素养

人们将文化分为两类：一类是正式文化，如文学、艺术、历史、音乐、建筑等；另一类是普通文化，如人们的风俗习惯、社会习俗等。如今，语言教学工作者在外语教学上达成了一个共识，即英语教学除了要有听、说、读、写四项基本技能的训练外，还应有文化导入。语言是文化的载体，语言与文化相互影响、互为补充，因此语言教学离不开文化的教授，文化导入应该贯穿英语教学的始终。这样做不仅能活跃课堂氛围，使学生提高对英语学习的兴趣，还能使学生不断积累文化知识，从而能正确理解、准确地使用这门语言。由于学习英语的主要目的就是交际，英语学习也就自然要涉及不同文化之间的交际。

4. 综合教学技能

在英语语言教学中，除了讲授语言知识之外，教师还应具备包括书写、绘画、唱歌、表演、制作等的教学能力，即综合教学技能。在英语教学中，对教师的综合教学技能提出了更高的要求，具体体现在以下五个方面。

（1）能写，即书写字迹工整规范。

（2）会画，即会画简笔画，并能在教学中灵活运用。

（3）能唱，即能够根据学生学习的进程编写、教唱学生感兴趣的英文歌曲。

（4）善表演，即在表达意义或情感时，能充分利用体态语。

（5）会制作，即能够设计制作适用于教学的各种教具，如幻灯片、录像、电脑软件等。

（九）驾驭教材的素质

教材是教学的基础，是教学内容的载体。在英语教学中对于一名优秀的英语教师而言，需要具备很高的驾驭教材的素质。教师驾驭教材的素质主要体现在教师对教材的使用能力和评价能力两个方面。

1. 对教材的使用能力

教师对教材的使用能力包括以下六个方面。

（1）补充或删减教材内容

教师在使用教材的过程中，可以根据实际教学情况，适当补充或删减教材的内容，以更加贴近学生的实际生活，更加符合学生的需要。但这并不意味着可以随意调整教学内容，教师对教材内容进行适当补充或删减时，不应该影响教材的完整性、系统性。如有可能，教师在调整教学内容时应与学生进行协商。

（2）扩展教学内容或者活动步骤

在实际的英语教学中，教材设计的教学活动会出现难度过低或者难度过高的情况，如果教师总是按照教材设计的活动组织教学活动，就可能导致教学活动的效果不佳。因此，教师可以按照教学实际情况的需要，对教学活动的难度做适当调整。当教师认为教学活动太容易时，就可以对原有的活动进行延伸，例如，在阅读理解的基础上，增加词汇训练、展开讨论或辩论，甚至可以进行写作训练等；而当教师认为教学活动难度过高时，就可以适当扩展活动的步骤，增加一些有提示性的步骤，降低教学活动的难度。

（3）替换教学内容和活动

在教学过程中，难免会出现教学内容、教学活动不适合教学实际情况的现象，因此教师可对不太适合教学需要的内容、活动进行替换。例如，如果教师认为教材中所设计的作文题不适合自己的学生，则可以用自己设计的作文题来代替教材中的作文题。

（4）调整教学方法

教无定法，贵在得法。每一种教学方法都有其优缺点，适用于不同的教学内容。由于客观条件的不同，学生英语水平的差异，以及具体教学实际情况的不同，教材中所推荐的教学方法不一定适用于实际教学情况。这时教师就可以根据具体的教学情况，对教学方法做出相应的调整，以便获得更好的教学效果。

（5）调整教学顺序

教材对教学内容所设计的教学顺序不一定适合教学实际情况，教师可以根据教学需要进行适当调整。为了提高学生的学习动机，教师在调整教学顺序的时候应将教学内容和社会现实生活联系起来。此外，在调整教学顺序时，必须考虑到教学内容的关系，遵循由浅入深的教学原则，切不可随意调整。

（6）对教材使用情况进行总结

教师在使用教材一段时间后，应该对教材的使用情况进行总结，以便及时发现教材的教授效果。

2. 对教材的评价能力

英语是一门实践性较强的学科，英语学习需要大量接触语言资料。因此，学生不仅要学习主教材，还要学习一种或者几种辅助教材，而教师承担着为学生寻找合适教材的责任，这就要求教师必须具备基本的教材评价能力。教师对教材的评价一般应该包括以下六个方面。

（1）教学的指导思想

教学思想能够从宏观上指导教材的编写。评价教材的优劣性，首先要评价教材所体现的教学指导思想，看教材的教学指导思想是否与有关学科的最新研究成果相吻合。教学指导思想包括对语言的认识、对语言学习的认识以及对语言教学的认识。

（2）所采用的教学方法

教学方法决定了怎么教和怎么学，可以为教材内容的选择、安排以及教学活动的设计提供具体依据和参照。所以，教师评价教材，应该看教材是否体现了先进有效的教学方法。当然，教材编写应该主要以某种教学方法为基础，同时吸收其他方法的长处。

（3）教材内容的选择和安排

教学内容决定了教什么和学什么。教材内容的选择和安排应以英语语言教学的目标——培养学生综合运用语言的能力为基准。而语言能力的形成是以基础语言知识、基本语言技能、学习策略、情感态度、跨文化意识以及英语能力为基础。因此，教材中必须包括以上几个方面的内容。教师评价教材的内容要看它是否符合语言学习过程的规律。

(4) 教材的组成部分

一套完整的教材应该由教师用书、学生用书、练习册、多媒体光盘、录像带、录音带、卡片以及挂图等组成，这些组成部分各有侧重、各有特色，构成了教材这一有机整体。

(5) 教材语言素材的真实性、地道性

英语语言教学的目的是培养学生使用英语进行交际的能力。因此，英语语言教学应该向学生教授实际交际中所使用的语言。也就是说，教材中所选择的语言应该是和现实中所使用的语言基本一致的，必须具有真实性、地道性。

(6) 教材的设计

教材的设计主要包括教材的篇幅长度、版面安排、开本大小、图文形式、色彩以及媒介形式等。

第三节　高校英语教师专业素质发展路径

一、更新教学观念

英语教师的教学观念与英语教学有着密切的关系，因为英语教学观直接影响着英语教师教学思想的形成和选择。

(一) 建立新型的师生关系

所谓新型师生关系，就是师生之间要相互尊重、平等相待。随着时代的发展及英语教学改革的不断深入，我们发现，传统的师生关系基本上是教育者与受教育者的关系或者是领导者与被领导者的关系，而今天这种关系已经无法适应新时期的英语教学。新型的师生关系更强调平等。具体来说，英语教学中，师生均要有主人翁的地位和意识，平等相处。学生既是“教育的主体”，更是权利的主体，教师不仅要使学生学到更多的知识，而且要充分挖掘学生的潜在能力，以培养学生的创新能力为己任。

(二) 坚持以学生为中心

如今的英语教师应树立以培养学生的能力为目标，以学生为中心的教育观念，尽量避免使用传统的“翻译式”“灌输式”的教学方式，运用新型的“启发式”“诱导式”“研究式”的教学手段。教师要为学生提供更多的使用语言的机会，鼓励他们发散思维、创新思维，进而超越具体的结构和功能，创造并丰富英语语言的内涵。英语教师还要指导学生成为语言学习的主体，不断启发和引导学生用英语进行交流、思维。在设计英语教学时，教师既要考虑到教学目标又要考虑到学生的兴趣，且应为学生提供参与教学设计的空间和机会，使学生的英语学习变被动为主动，形成以学生为中心的民主性的学习局面。在整个教学活动中，教师要做好顾问的角色。教学内容应该是教师“带着学生走向知识”，而不是“带着知识走向学生”。这样，学生的学习才会更加有趣，才能为学生的创造性思维提供机会。教师不要始终扮演“裁判”的角色，而要试着做活动的组织者、合作者和调控者。

（三）由“应试教育”变为“应用教育”

英语教师要用开放的思维和眼光看待并迎接教学变革，树立科学的教学思想，摒弃传统的以考试为目的的教学模式。教师要注重向学生灌输国际竞争意识，培养学生参与国际竞争的能力；注重培养学生的自主创新精神，培养出全面发展、自主创新的综合型人才；重视学生的非语言思维和形象思维。培养学生的发散思维和非逻辑思维。同时，人才的培养还应立足于全球化市场，英语教师在树立创新的教学观念过程中，要更新传统的教学模式，重新调整知识结构，把英语教学的重点放到培养学生英语语言运用能力上。

二、更新教学方法

（一）营造良好的课堂氛围

教师除了要用短剧表演、分组讨论、背景简介等活动为学生提供说英语的机会外，还应该定期为学生创设一些课外活动，使英语教学从课堂走向室外，走向校园，走向社会，进而形成一种浓厚的、范围广大的、参与者多样化的英语氛围。教师可以鼓励学生在课下充分利用网络或图书等媒介进行学习，使学生养成独立学习知识、分析问题、解决问题的能力。

（二）合理利用多媒体技术

传统的“一本书、一支粉笔、一言堂的教学方法”的英语教学模式还远远满足不了现今英语教学需求。教师应该充分利用录音机、实物投影机、电脑、语音实验室等现代化电教设备，编制计算机辅助教学课件，创造出图文并茂、生动、真实的教学环境，创造出超越时空的课堂。教师可参与网上课程讨论区的讨论、辅导、答疑甚至批阅作业。利用多媒体进行教学有利于培养学生主动获取知识和运用知识的能力，激发学生的学习兴趣。

三、加强教学反思

教师反思是立足于自我批判与自我观察的，以发现教学中存在的不足之处，改革自身教学的不良行为。同时，通过系统地分析和研究这些问题，提高教育品质、教学质量以及自身素养。

（一）教学反思的内容

开展反思性教学，应明确反思的内容。具体而言，教学反思的内容主要涉及以下四个方面。

1. 反思教学理念

理论是行为的先导。成熟理论指导下的教学活动有助于促进预期效果的实现。在反思性教学中，英语教师应反思自己的教学理念，用先进的理论武装自己，根据多元社会的要求转变教育理念，为自己的角色转变扫清思想上的障碍。

2. 反思教学角色

英语教师作为英语教学活动的主导者，应做好课前、课中以及课后的教学管理工作。英语教师应该突出学生的主体地位，培养学生的英语综合运用能力，同时注意培养学生养成自主学习的习惯，引导学生树立合理的目标，激发学生学习的积极性，提高学生的自主学习能力。

3. 反思教学方法

先进的教学理念如何在英语教学中体现出来，需要教师对教学方法进行反思。作为课程的设计者、课堂的管理者以及学习的评估者，教师应对教学方式进行反思，在以后的教学中进行改进。

4. 反思教学效果

由教学评估可以发现，教师的教学效果有好坏之分。如果教学效果好，教师应对教学效果进行反思，总结成功的教学经验，并与其他人共同分享；如果教学效果不好，则更需要反思，找出问题所在，进一步改善教学。

（二）反思性教学的实施

反思性教学一般可根据以下步骤来实施。

1. 教学前反思

教学前反思是反思性教学的基础。英语教师应具有教学模式、教学方法等方面的知识；还要改变教学理念，努力提高教学效果；制订合理的教学计划，注意考虑一切有可能的项目。

2. 教学中反思

教学中反思就是反思教学的具体实施。教师既要展开具体的教学活动，同时要注意监控、调查自己的教学，获取反思与提高教学效果所必备的资料与相关信息。教学反思可以通过问卷调查、行动研究、案例分析等来进行。

3. 教学后反思

在教学后反思阶段，教师应根据教学中所有条件的变化对自己的教学行为加以调整，通过监控教学效果与个人反思，使教学过程更清晰。因此，在该阶段，要确保目标明确，使英语教师的教学技能真正得以提升。

4. 建构教学行为反思的连续体

英语教师与英语教学的发展都是持续进行的。反思性教学需要持续进行，并不仅仅是一两次的课堂行为。从教学前的准备到最后的补偿与提高阶段，这几个阶段紧密相连，相互促进，共同构成反思性教学系统。

四、建立科研小组

前面提到了大学英语教师应具备科研素养，所以发展大学英语教师素养也就必须成立科研小组。

科研小组可以由同一个学校的同一个年级的教师组织，以进行教学研究，大家可以定期对某些教学问题进行探讨，根据探讨的问题，共同拟订一个研究题目，制订研究方案，分配任务，各自展开研究，在合作中寻求发展和提高。

需要指出的是，这种科研工作必须是与英语教学联系起来的。当教师得到了某些创造性的成果后，就可以以知识的形式传授给学生。同样，在教学实践中教师可以发现一些值得探究的课题，进而展开研究。

五、教学日志

教学日志是教师对自己的教学经历予以归纳、概括、反思和评价，觉察存在的问题，明示改进的思路和措施，进而不断更新教学理论，促进自身专业的发展的文本体现。教师可以将教学日志作为自己教学案例的发展史，可以设计对教学的评价、预期的结果、未见到的事件、教学的成功之处与不满意或不足的地方。教师通过日志对自己的教学进行审视，进而改善教学方法，提高教学质量。

（一）教学日志的基本内容

在撰写教学日志之前，首先要明确应记录哪些内容，这些内容不是预先预设的，而是对教学实践的回顾与总结。

教学日志一般包含以下内容。

1. 教学理论与教学方法

教学理论主要包括某些教学思想方法的渗透与应用过程，教育学、心理学中一些基本原理使用的感触等。英语教师使用新的教学观念、思想与自己的教学实践结合在一起，从中发现问题。例如，研究素质教育、创新教育、主体教育、研究性学习等新的教育思想，将自己教学中的问题查找出来。

2. 教学内容

教学内容是教学日志的另一项重要内容。不同的英语教师备课时，对所教的课程内容的认识也不同，主要涉及教师教什么、如何教、教学计划执行情况等问题。英语教师应详细地记录课堂内容的设计，组织安排，教学中临时应变得当的措施，层次清楚、条理分明的板书，以及教学活动中的不足之处，供以后的教学参考，不断地改进、完善教学。

（二）教学日志的意义

教学日志对于教师的发展具有重要的现实意义，具体体现为以下三点。

1. 教学日志有利于促进英语教师专业成长

教学日志可以帮助英语教师养成主动思考的习惯，通过思考，教师形成自我评价，借助自己与自己的对话对自己的教学特点有一个更清晰的认识，了解最适合自己的教学方式，促进自身成长。

写教学日志的过程实际上也是自我反思的过程。通过教学日志，英语教师可以发现教学的盲点在哪里，哪些耗费精力的无效教学须改进，哪些方面的教学技能须增强。在此基础上，英语教师对教学活动中有益的经验进行归纳，并将其系统化、理论化，对自己的教学活动进行客观的评价，从而促进自身的专业成长。

2. 教学日志有利于促进英语教师之间的交流与学习

“资源共享是各方利益最大化的有效途径，教师的知识也只有在分享中才能够得到进一步条理化和显性化。”与个人日记不同，教学日志可以有广泛的读者，可以拿来和同事、专家分享。

教师通过经常性的、众多的信息交流，尤其是与具有同一专业背景的老师进行讨论、交流，得到启发，进而激发新的理念或思想的形成。此外，还可以探讨教学活动中存在的问题或疑问，就教学经验展开交流，避免局限发展。这种方式体现了共享、交流、协作和发展的优势，既有利于教师个人成长，也有利于提高教师整体的专业水平。

3. 撰写教学日志是提高英语教师教学研究水平的有效途径

撰写教学日志也是每一个基层教育工作者可以发挥的优势。英语教师工作在教学第一线，拥有丰富的教学实践经验，为科研论文的创作提供了直接的素材。教师作为教育研究者，应注意总结反思中的重要观念和教学策略，长期积累，有利于催生科研成果。

六、建立完善的教师激励机制

（一）常用教师激励措施

根据积极性的运动规律，调动人们的积极性的基本途径是：激发和满足正当、合理的需求，提高人们的思想觉悟，创造一个良好的富有激励性的环境。为此可以采用多种手段，以下为实践中常用的手段和方法。

1. 奖励

包括物质和精神奖励。物质奖励是最古老和传统的激励方式之一，也是现代社会中最常用的激励方式之一，主要是增加工资或奖金。精神奖励主要通过各种形式的表扬、给予一定的荣誉等来调动人的积极性。

2. 思想工作

思想工作主要是通过宣传教育、举行座谈会、个别交流思想等方式，来激发教师的事业心、责任感。

3. 适当的工作安排

适当的工作安排包括职位的提升、权限和工作范围的扩大等，不仅是人力资源管理的重要工具，也是一种有效的激励方式。

4. 培训

给个人提供各种学习、锻炼的机会是一种有效的激励方式。

5. 民主管理

民主管理主要表现在教师参加学校的管理决策工作，以及有关管理工作的研究和讨论之中。

（二）构建综合激励机制

综合激励机制，就是在遵循教育管理规律和激励理论的基础上，运用一定的激励原则、规则和方法、手段，动态而持久地激发教师工作积极性和主体意识的过程。

学校管理措施的实效性也取决于多种因素，学校整个政策对教师发展的支持，学校各种制度间的相互配套程度，学校的组织、文化的支持，学校教师在专业发展中的积极性、主动性、创造性的激发与调动，各项具体活动的针对性，包括时机、方式方法、途径的选择，在执行过程中组织者的素质、工作风格，都会对实效性产生影响。因此，管理措施的实效性是一个不断实践的问题，不断深化的命题。

第八章　高校英语教学模式的发展

第一节　高校英语翻转课堂模式

一、翻转课堂模式的定义

翻转课堂又可以称为“颠倒课堂”，其教学过程包含两大阶段：一是知识传授；二是知识内化。在传统教学模式中，教师往往会通过课堂知识传授的形式来传输给学生，学生通过课后作业的完成情况和具体的实践来实现知识的内化。与这一传统教学模式不同，在翻转课堂模式中，教师根据自己的教学计划对课前预习的内容进行布置，学生则主动利用各种开放资源来获取知识，在课堂上通过与教师进行探讨，然后完成任务，最后内化为自己的知识。

所谓翻转课堂模式，是指在课堂进行之前，学生利用教师给出的视频、音频、开放网络资源、电子教材等学习材料，自主完成课程内容，然后在课堂上主动参与教师的互动活动，最终完成学习任务。

近年来，翻转课堂模式在国内产生了巨大影响。作为一种基于网络多媒体的新型教学模式，翻转课堂模式是对传统教学流程的颠覆，这对于学生展开自主学习而言是非常必要的。作为一种新型成功授课方式，翻转课堂对我国英语教学改革大有裨益。

在传统教学模式中，知识习得需要经历知识讲授、知识内化、知识外化三个步骤。通过课堂，教师完成知识的讲授，而学生在课后任务和作业中完成知识的内化。这在前面已有所提及。但是，在当前云教育、云学习的技术条件下，学生可以通过“云课程”及媒介来展开教学，当学生在学习中遇到困难时，教师可以对其进行排解和启发，既保证了师生之间的平等交流，也保证了学生知识的进一步深化。简单来说，从先教授后学习转向先学习后教授，这就是所谓的课堂翻转。

综上所述，翻转课堂模式是对传统教学模式的变革，师生及教学方式在教学过程中都发生了质的改变。

二、翻转课堂模式的构成

很多学者对翻转课堂模式进行研究，将其构成要素分为三个层面：课前内容传达、课堂活动组织、课后效果评价。下面对这三个层面进行分析。

（一）课前内容传达

在翻转课堂模式中，其教学的基础在于课前内容的有效传达。就目前来说，我国翻转课堂模式往往会采用教学视频与纸质学习材料这两种模式来传达教学内容。其中，教学视频被认为是最基本的形式。对于教学视频的来源，主要有以下两种途径。

1. 运用现有的教学视频

运用现有的教学视频是教师进行翻转课堂教学的最佳选择。这主要有两方面的原因：一是由于教师的教学任务非常繁重，因此并没有多余的时间来制作新的视频；二是教师在面对视频录制仪器时，往往比较紧张，因此会严重影响教学效果和进程。可见，如果教师可以从网上找到现有的教学视频，那么必然会节省教师自身的时间和精力，且网上的教学视频资源非常丰富，教师只需下载就可以使用。

2. 制作新型教学视频

对于翻转课堂模式中运用的视频，教师除了运用现有视频外，还可以进行录制。当然，这需要教师有多余的时间和精力，他们可以运用电脑、录音软件、麦克风、手写板等进行制作。

（二）课堂活动组织

在翻转课堂模式中，教师需要对课堂活动进行组织。在组织课堂活动过程中，教师需要注意如下三个层面。

首先，对于高校英语教学而言，导读类课程比较适合翻转课堂教学，这类课程通过网络多媒体展开。在课下，学生按照教师的安排学习内容；在课堂上，教师解释重难点问题，进而通过网络多媒体实现在线测试。完成测试后，学生可以即时获取网络背景知识和学习资源，同时还能与自己之前的测试结果进行比对，从而加深自己的知识。

其次，英语课程涉及语言与文化两大因素，教师在对学生的学习进行安排时，需要从初级认知的识记理解开始，转向高级的综合应用，完成一系列的递增过程。同时，教师在安排学生学习时还需要组织与此相适应的学习活动，在学生固有知识的基础上加深其对不同文化知识的理解和掌握。

最后，在合作学习的基础上应结合个体学习，因为个体学习有助于学生充分领会和识记。

（三）课后效果评价

在翻转课堂模式中，教师需要重视课后效果评价。翻转课堂模式常采用个性化学习测试，依靠的是教师与学生在接触的过程中形成的评价。也就是说，教师需要依据自身经验，对学生的知识掌握程度进行判断。这种即时的评价有利于纠正学生对知识的误解，且能够根据不同学生的差异，为他们提出合理化的建议和指导。但是，由于翻转课堂兴起时间较短，其评价与测试形式并不完善。因此，翻转课堂模式的学习评价主要是要求教师与学生之间进行及时交流与沟通，并根据学生的不同个性特征来加以引导。另外，教师还需要提供更多渠道来为学生展示学习成果，让学生建立起足够的成就感和自信心，促使他们有学习的动力。

三、翻转课堂模式的优势

通过翻转课堂模式的定义可知，该模式是对传统教学模式的颠覆。具体而言，翻转课堂模式有如下几个方面的优势。

（一）有助于学习者安排学习时间

翻转课堂模式有助于学习者安排学习时间，尤其是即将毕业的大学生，他们需要在实习工作上花费很多时间，因此并没有充足的时间用于课堂学习。这些学生需要的是能够迅速传达知识的课程，让他们在闲暇时间学习知识。对于这些学生来说，翻转课堂模式是非常适合的，利于他们对自己学习时间的安排。

（二）有助于师生展开课堂互动

与传统课堂教学模式相比，翻转课堂模式改变了师生之间的相处方式，教师与学生之间逐渐形成了一对一的交流。如果学生对某一知识点存在疑问，那么教师可以将这些学生集中起来，对他们进行特别指导。另外，在翻转课堂上，学生会展开大量的互动，他们不再将教师看成是知识的唯一来源，还包含其他同伴之间的互动学习。

（三）有助于后进生进行反复学习

在传统教学课堂中，教师将更多重心放在成绩优秀的学生身上。这是因为，在教师的眼中这些学生可以追赶上教师的步伐，且愿意积极主动地参与到教师的教学中。但是，除了这些成绩优秀的学生外，其他英语水平较差的学生往往是被动听课，甚至很难跟上教师的节奏。对于这种情况，翻转课堂有助于帮助这些水平差的学生。在翻转课堂上，学生可以随时对视频进行暂停或重放，直到自己理解和明白为止。另外，翻转课堂模式还可以节省大量教师的时间，让教师将更多精力投入成绩不好的学生身上。

（四）有助于学习者实施个性化学习

众所周知，各大高校的学生来自不同地区，自身发展水平必然会存在差异，尤其是兴趣爱好和学习能力等。虽然当代的教学研究领域注意到了这一问题，但是传统教学模式很难实现分层教学，而翻转课堂模式恰好解决了这一问题。翻转课堂模式根据学生的兴趣、能力等展开教学，使每位学生能够从自己的进度出发来进行学习。

（五）有助于课堂管理的人性化

在传统课堂教学中，教师为了帮助学生获取知识，需要密切关注学生的注意力和整个课堂的纪律问题。这是因为，如果学生被某些事情影响了心情，那么必然会影响他们学习的进度。但是，在翻转课堂中，这一问题是不存在的。

第二节　高校英语微课模式

一、微课模式的定义

从字面上来说，“微课”有如下三个层面的阐释。

（1）对于“课”这一概念来说，微课是“课”的一种，是一种课式，呈现的是一种短小的教学活动。

（2）对于“课程”这一概念来说，微课同样是有计划、有目标、有内容、有资源的。

（3）对于“教学资源”这一概念来说，微课具有丰富的教学资源，如数字化学习资源包、在线教学视频等。

但是，对其内涵进行挖掘，可以发现微课是一种具有单一目标、短小内容、良好结构、以微视频为载体的教学模式。微课的最初理念是通过正式或者非正式的学习方式，人们不断对短小、主题集中、与实践紧密结合的专业知识进行学习，从而提高学习效果，促进知识的内化。

二、微课模式的构成

从微课的课程属性出发，微课需要具备必备的课程要素。具体而言，主要涉及四大要素：目标、内容、活动、交互和多媒体。

（一）目标

目标是指教师预期微课模式的适用教学阶段，以及期望教学所要达成的结果，主要包含以下两层含义。

1. 应用目的

即设计开发微课模式的原因。这与微课模式是在课前、课中还是课后运用有关。如为学生的课后练习提供指导而制作的相关练习讲解的微课。

2. 应用效果

即教师在使用微课模式后期望学生所能够解决的具体问题，如掌握某一体裁的英语写作方法、阅读理解题的解题技巧等以引发学生思考。

一般来说，微课模式的目标是具体明确、单一的，其对于微课内容和应用模式的选择起着重要的指导意义。

（二）内容

微课内容是指为微课模式预期服务的，与特定学科相关的有目的、有意义传递的信息与素材。也就是说，高校英语微课模式的内容是教师实现预期目标的信息载体。根据微课的目标，并结合学生的学习情况以及准备应用的教学阶段等教学实际来设计微课模式的内容。微课内容不同，教师对教学活动的设计也不一样。但是，由于微课的时间很短，内容上往往具有主题明确、短小精悍、独立的特色，因此需要教师对微课的内容进行精心的选取。

（三）活动

活动是主体与环境的相互作用过程，教的活动是实现微课目标的一种有效方法。从方法上来说，教的活动可以分为教师的演示、讲授、操作及其与其他主体间的互动等活动类型。

（四）交互和多媒体

要想完成微课中教的活动，教师必须借助某些特定工具，来保证学生能够正确理解微课内容的意义，从而实现学生与微课的相互交流。

三、微课模式的优势

从微课的定义与构成上不难看出，微课与当前信息技术相适应，是一种新兴媒体在教学领域的运用。可以说，微课在高校英语教学中的优势非常明显。

（一）教学内容少

微课模式主要是对课堂教学中某一知识点教学的凸显，或者是对教学中某一环节或者某一主题活动的反映。与传统教学内容相比，高校英语微课教学内容精简，更符合教学的需要。

（二）教学时间短

一般来说，高校英语微课教学视频时长为 3~8 分钟，最长也不应超过 10 分钟。相比之下，传统课堂教学时间长，一般为 40~45 分钟。因此，微课常常被称为“微课例”或“课堂片段”。也就是说，微课教学时间短。在当前的高校英语教学中，使用微课模式有助于针对教学难点开展教学，使学生将这些注意力集中在教学的黄金时段，通过与教师的互动解决学习上的困惑。

（三）资源容量小

通常情况下，微课模式中的教学视频及配套资料的容量为几十兆，容量一般比较小。在高校英语教学中，微课这一模式有助于教师与学生间流畅地展开交流。

（四）资源构成情境化

高校英语微课教学的内容通常具有鲜明的主题，且指向也完整、明确。教学视频片段是微课的主线，并以此对教学设计及其他教学资源进行统整，从而构筑成一个类型多样、主题凸显、结构紧凑的“主题单元资源包”，创造出一个真实的教学资源环境。这就使微课资源具有了视频教学案例的特点。这样真实、具体的情境不仅有助于学生提升自己的思维能力，还有助于提升教师的教学技能和学生自己的学业水平。

（五）反馈及时，针对性强

微课教学内容少、教学时间短，因为可以在短时间集中开展“无生上课”活动，因此教师和学生都可以迅速获取反馈信息。此外，每一位学生都可以参与进课前组织预演，相互学习，这在一定程度上有助于减轻教师的压力，保证英语教学活动顺利开展。

（六）成果简化，多样传播

由于微课教学内容主题鲜明、内容具体，因此其成果易于转化和传播。同时，微课教学时间短、容量小，因此其传播的方式也是多种多样的，如网上视频传播、微博讨论传播等。

（七）主题鲜明，内容具体

微课课程的开展是建立在某一主题上的，其研究和探讨的问题也主要来自具体、真实的教学实践。例如，教学实践中关于教学策略、学习策略、重点难点、教学反思等问题。

四、微课模式的实施办法

就当前的教学实践来说，微课模式有着重要的发展前景。虽然微课的设计是当前研究的重点问题，但是也不能忽视微课模式在教学实践中的应用，下面就高校英语微课教学提出一些建议。

（一）建立微课学习平台

微课模式主要建立在视频这一载体上，同时还需要一些辅助模块，如微练习或互动答疑等，这些对于提高学生的学习兴趣、培养教师的信息化应用能力十分有益。其中，一个较为创新的方法是微慕课平台，即使微课模式展现出慕课模式的系统性和专业性。这一平台具有一定的知识含量，且结构灵活、系统性强、制作成本低等优点。

（二）提升微课录制技术

微课录制技术更追求质量，而且要尽可能地简单，使教师乐于录课，并能够快速提升自己的微课录制技术。另外，微课的研究人员需要在网络多媒体技术上进行改进和发展，追求卓越，尽可能地使微课模式得以普遍推广。

（三）加强资源开发，实现共建共享

当前的高校英语教学中仍旧存在着教学资源不均衡的情况。微课的出现，使得优质的教学资源通过网络传送到全国的高校，从而实现资源共享。

第三节 高校英语慕课模式

在网络多媒体环境下，慕课模式是以关联主义为基础，开展大规模的在线教学方式和学习方式。慕课模式的形成和发展并不是偶然的，而是在时代的发展和信息技术的进步基础上实现的。

一、慕课模式的定义

慕课是一种在线课程开放模式，是在传统发布资源、学习管理系统的基础上建立起来的课程模式，又称为"大型开放式网络课程"。慕课主要由具有协作精神与分享精神的个人所组织，他们将优异的课程上传到网络，可供需要的人下载和学习，目的是促进知识的传播和发展。

二、慕课模式的优势

慕课模式应用于高校英语教学必然会引起重大的教学理念与教学方式的改变。也就是说，慕课模式对当前的高校英语教学意义重大。具体而言，慕课模式具有如下几点优势。

（一）提供能力培养平台

我国的高校英语教学虽然一直在不断变革，但是总体上还是将重心放在基础知识教学

上。这种教学模式必然阻碍学生将英语教学与专业结合起来，也就很难实现自己综合能力的提升。

受这一教学理念和教学背景的影响，很多学生忽视了英语的学习，并没有意识到英语这一工具的作用。慕课的出现能够为学生提供最新的发展评估和专业动向，有助于激发学生的学习动机和兴趣，促使学生提升自己的专业能力，解决英语教学与自己专业的问题。

（二）平衡不同学生水平

高校学生来自不同的地域，各地的教学水平存在差异，学生的学习能力和学习基础也高低不同。在统一的大班英语课堂上，教师很难实行一对一教学，只能从宏观上对学生进行指导。在这样的教育现实下，很多学生已经追赶不上教学的进度，或者不满足于当前的教学水平。

慕课模式通过开放性的网络平台，给学生提供了有针对性的教学，便于缓解教师教与学生学的矛盾。同时，该模式不受时空限制，既有利于促进基础好的学生能力的发展，也有利于基础差的学生知识的巩固。

（三）形成语言使用环境

对于我国学生而言，英语是第二语言，因此本身缺乏语言学习的环境，导致学生在课堂上学到的知识很难在现实中应用。很大程度上说，这降低了学生学习英语的成就感，也对日后学生的语言能力提升十分不利。

慕课的出现能够为学生创设良好的语言学习环境，即学生可以接触到真实的语言，甚至可以与世界上其他国家的人进行交流，这都有助于提升学生自身的听说能力。

（四）扩大学生知识储备

我国的高校英语教学主要是围绕课堂教学展开的，面对短暂的教学时间、繁重的课业压力，课堂教学很难给学生带来充足的知识。相比之下，慕课教学模式以网络为平台，向学生提供丰富的知识，方便学生进行提取，不仅扩大了学生的知识储备，还提高了学生的学习效率和兴趣。

三、慕课模式的实施办法

作为一种新兴的高校英语教学形式，慕课模式往往会通过以下几个步骤进行教学，即课程设置多样化、上课方式多样化、考核方式多样化、传统课堂与慕课结合。

（一）课程设置多样化

就当前的高校英语教学来说，慕课模式改变了传统教学模式的单一状况。就师资力量来说，传统的高校英语教师资源非常有限，所讲授的课程针对性也不明确。就课程设置来说，虽然各大高校都设置了选修课，但是这些选修课大多是为英语四、六级考试设置的。对此，慕课教学模式根据学生的兴趣和需要来选择课程，大大提高了学生的学习兴趣，从而提升了学生学习英语的质量和效率。

（二）上课方式多样化

虽然我国各大高校都在推进高校英语教学改革，上课形式也不再单一，但是仍旧将教师讲授作为中心，其中穿插的多媒体也只是一种辅助形式，是教师板书的延伸而已。但是，在网络多媒体不断发展的背景下，慕课模式实现了上课方式的多样化，学生可以在校园任何地方坐在电脑前学习。

（三）考核方式多样化

在网络多媒体教育环境下，高校英语慕课模式的关键在于考核方式的多样化。如果仅仅依靠传统的笔试或者论文式教学，那么就很难将学生的实际水平测试出来。在慕课模式下，考核方式的多样化主要涉及两点：一是探索个性化考核方式，即根据不同层次的考生设置不同的测试题目；二是探索开放性的考试方式。总之，无论是个性化考核方式，还是开放性考核方式，其前提都是为了激发学生的学习积极性和学习兴趣。

（四）传统课堂与慕课结合

前面已经介绍了慕课模式的优势，但是在发挥慕课模式的同时，还需要注意两点问题。

首先，高校英语慕课模式教学还有待完善，因为需要对教师进行培训，还需要准备与之配套的教学硬件设备。

其次，对于大学生来说，他们自身水平存在差异，因此要想让不同层次的学生适应慕课模式，也需要很长一段时间。如果将所有的教学内容置于网上，那么那些本身自制力差的学生就更容易放弃，这当然是教师不愿意看到的。

因此，当前属于新旧交替时期，教师仍旧扮演着重要角色。首先，教师应该积极探索能够激发学生主动性和积极性的慕课课件。其次，教师需要对学生的基本情况有一个清晰的了解，保证慕课课件能够被大多数学生理解和把握。最后，教师还需要了解不同学生的自主学习能力，提高学生的心理素质，使他们尽快适应新兴的教学模式。

参考文献

［1］王磊. 高校英语教学转型发展研究［M］. 长春：吉林人民出版社，2019.

［2］张君. 高校英语的慕课教学模式研究［M］. 西安：西安交通大学出版社，2019.

［3］张富庄，董丽. 当代高校英语翻译教学研究［M］. 长春：吉林人民出版社，2019.

［4］韩俊秀，吴英华，贾世娇. 任务型学习法与高校英语教学［M］. 广州：广东旅游出版社，2019.

［5］徐道平，王凤娇，赵卫红. 互联网时代下高校英语教学研究［M］. 长春：吉林人民出版社，2019.

［6］孙强. 高校英语教师语法认知和实践研究［M］. 北京：知识产权出版社，2019.

［7］杨雪静. 高校英语教学模式创新研究［M］. 长春：吉林人民出版社，2019.

［8］崔淑娟，吕波，王明祥. 高校英语语言实践活动创新策略［M］. 延吉：延边大学出版社，2019.

［9］李婷. 跨文化交际研究与高校英语教学创新探索［M］. 北京：九州出版社，2019.

［10］吴文亮. 信息化时代高校英语教学理论的解构与重塑［M］. 长春：吉林大学出版社，2019.

［11］顾荣，冯鸿莉，兰红梅. 高校英语写作［M］. 长春：吉林人民出版社，2020.

［12］李清. 高校英语跨文化教学研究［M］. 长春：吉林人民出版社，2020.

［13］刘亚娜. 高校英语教学理论与实践探究［M］. 长春：吉林人民出版社，2020.

［14］任玲玲，张婷婷. 高校英语翻译有效教学研究［M］. 长春：吉林人民出版社，2020.

［15］赵丽著. 互联网背景下高校英语教育的创新发展［M］. 长春：吉林人民出版社，2020.

［16］张金焕. 高校英语教学设计优化与模式改革研究［M］. 长春：吉林人民出版社，2020.

［17］王文倩. 高校英语教师教学信念的构成与职业发展［M］. 北京：新华出版社，2020.

[18] 杜明真. 新时代高校英语混合式教学实践探究 [M]. 长春：吉林大学出版社，2020.

[19] 王亚敏，潘立鹏，李杏妹. 新时代高校英语课堂与生态教育融合路径研究 [M]. 太原：山西经济出版社，2020.